Della stessa autrice in edizione Garzanti:
Una ragazza ad Auschwitz

HEATHER MORRIS

IL TATUATORE DI AUSCHWITZ

Traduzione di
STEFANO BERETTA

Garzanti

Prima edizione: gennaio 2018
Nuova edizione: gennaio 2019
Prima edizione in questa collana: gennaio 2020
Nuova edizione: giugno 2021

Per essere informato sulle novità del Gruppo editoriale Mauri Spagnol visita:
www.illibraio.it

Traduzione dall'inglese di
Stefano Beretta

Titolo originale dell'opera:
The Tattooist of Auschwitz

ISBN 978-88-11-00213-0

Printed in Italy

www.garzanti.it

IL TATUATORE DI AUSCHWITZ

In memoria di Lale Sokolov.
Grazie per la fiducia che mi hai concesso
lasciandomi raccontare la storia tua e di Gita.

Nota dell'autrice

Questo romanzo è un'opera di finzione basato sulla testimonianza di un sopravvissuto di Auschwitz, non una descrizione storica accurata dell'Olocausto. Esistono molti resoconti che documentano quei terribili eventi in modo più dettagliato di quanto sia giustificato in un romanzo, e incoraggerei il lettore interessato ad approfondirne la lettura. Durante il periodo passato ad Auschwitz-Birkenau, Lale incontrò molte più guardie e prigionieri di quanti ne compaiano in queste pagine: in alcuni casi ho creato personaggi che rappresentano più di un individuo e ho semplificato alcuni eventi. Nonostante alcuni incontri e conversazioni siano frutto di immaginazione, non è in dubbio che gli eventi di questa storia siano accaduti in larga parte come descritto e tutte le informazioni presentate come fatti sono frutto di ricerca.

PROLOGO

Lale cerca di non alzare lo sguardo. Allunga la mano e prende il pezzo di carta che gli viene porto. Deve trasferire le quattro cifre sulla ragazza che lo stringe. C'è già un numero, ma si è sbiadito. Infila l'ago nel braccio sinistro e incide un 4, sforzandosi di agire con delicatezza. Dal braccio fuoriesce del sangue. L'ago, però, non è andato abbastanza a fondo e lui deve tracciare di nuovo il numero. Lei non batte ciglio al dolore che Lale sa di infliggerle. "Le hanno avvisate: non dite nulla, non fate nulla."

Lale asciuga il sangue e sfrega dell'inchiostro verde nella ferita.

«Sbrigati!» lo esorta Pepan a bassa voce.

Lale ci mette troppo tempo. Tatuare le braccia degli uomini è un conto, ma profanare il corpo delle ragazze gli fa orrore. Alzando gli occhi, vede un uomo in camice bianco che passa in rassegna le giovani in fila. Ogni tanto si ferma a ispezionare il viso e il corpo di una ragazza terrorizzata. Alla fine arriva da Lale. Mentre questi stringe con quanta più delicatezza possibile il braccio della ragazza, l'uomo ne afferra il viso con una mano e lo gira bruscamente da un lato e dall'altro. Lale solleva lo sguardo verso quegli occhi spaventati. Le labbra della giovane stanno per muoversi, pronte a parlare, ma lui le strizza forte il braccio per fermarla. Lei lo guarda e lui bisbiglia: «Sst». L'uomo in camice bianco lascia andare la faccia e si allontana.

«Brava», sussurra Lale prima di tatuare le tre cifre rimanenti: 5 6 2. Quando ha terminato, la trattiene per il braccio un attimo più del necessario e la guarda ancora negli occhi. Abbozza un sorriso timido e sforzato, al quale lei risponde con un sorriso ancora più timido. Tuttavia gli occhi di lei gli danzano davanti. Mentre li fissa, sembra che il suo cuore allo stesso tempo smetta di battere e ricominci per la prima volta, impetuoso, minacciando quasi di scoppiargli fuori dal petto. Lale abbassa lo sguardo verso il suolo che oscilla sotto i suoi piedi. Qualcuno gli allunga un altro pezzo di carta.

«Muoviti, Lale!» lo incalza Pepan.

Quando risolleva lo sguardo, lei non c'è più.

1.

aprile 1942

Il treno attraversa la campagna sferragliando, Lale tiene la testa alta e sta sulle sue. Il venticinquenne non vede motivo di attaccare bottone con l'uomo seduto accanto a lui, che ogni tanto si appisola sulla sua spalla. Lale non lo spinge via. È soltanto uno degli innumerevoli giovani stipati nei vagoni destinati a trasportare il bestiame. Non avendo idea di dove fossero diretti, Lale ha indossato i suoi abiti consueti: un completo stirato, una camicia bianca pulita e la cravatta. "Vestiti sempre per fare bella figura."

Cerca di misurare lo spazio in cui è recluso. Il vagone è largo circa due metri e mezzo, ma non vedendo il fondo non sa valutarne la lunghezza. Tenta di contare gli uomini in viaggio con lui; con tante teste che ciondolano su e giù, però, alla fine ci rinuncia. Gli fanno male la schiena e le gambe, gli prude la faccia. La barba ispida gli ricorda che non fa il bagno da quando è salito a bordo due giorni prima. Si sente sempre meno sé stesso.

Quando gli altri tentano di coinvolgerlo in una conversazione, lui risponde con parole d'incoraggiamento e cerca di trasformare la loro paura in speranza. "Siamo nella merda, ma non affoghiamoci dentro." Qualcuno mormora commenti ingiuriosi sul suo aspetto e sul suo modo di fare. Lo accusano di provenire da una classe agiata. «E adesso guarda un po' che fine hai fatto.» Lui cerca di scrollarsi di dosso quelle parole e risponde alle occhiate con un sorriso. "A chi cerco di darla a bere? Sono spaventato come chiunque altro."

Un giovane incrocia lo sguardo di Lale e si fa strada tra i

corpi verso di lui. Alcuni uomini lo spintonano in avanti. "Lo spazio è tuo solo se lo fai tuo."

«Come puoi restare così calmo?» gli chiede il giovane. «Avevano i fucili. Quei bastardi ci hanno puntato addosso dei fucili e ci hanno costretti a salire su questo... questo carro bestiame.»

Lale sorride. «Non me l'aspettavo nemmeno io.»

«Dove pensi che stiamo andando?»

«Non importa. Ricorda solo che siamo qui perché le nostre famiglie stiano al sicuro a casa.»

«E se invece...»

«Niente "se invece". Io non lo so, tu non lo sai, nessuno di noi lo sa. Facciamo quello che ci dicono.»

«Non dovremmo cercare di sopraffarli quando ci fermiamo, visto che siamo in numero superiore?» Il volto pallido del giovane è distorto da un'aggressività confusa. Con le mani chiuse a pugno tira dei patetici colpi di boxe davanti a sé.

«Noi abbiamo i pugni, loro hanno i fucili: chi pensi che vincerà questa battaglia?»

Il giovane resta zitto. La sua spalla s'incunea nel torace di Lale, che sente l'odore di unto e di sudore nei suoi capelli. Abbassa le mani, che ora gli penzolano molli lungo i fianchi.

«Io sono Aron», dice.

«Lale.»

Attorno a loro altri si sintonizzano sulla conversazione, sollevando la testa verso i due uomini prima di ripiombare nelle loro fantasticherie silenziose e rifugiarsi in profondità ognuno nei propri pensieri. Ad accomunarli è la paura. E la giovinezza. E la religione. Lale cerca di tenere la mente sgombra da teorie su ciò che potrebbe aspettarli. Gli hanno detto che lo portano a lavorare per i tedeschi, ed è quello che intende fare. Pensa alla sua famiglia a casa. "Al sicuro." Si è sacrificato, non ha rimpianti. Lo rifarebbe ancora e poi ancora, pur di mantenere a casa la sua adorata famiglia, unita.

Più o meno ogni ora qualcuno gli fa domande simili. Stancandosi, comincia a rispondere: «Aspetta e vedrai». È perplesso sul perché rivolgano a lui quelle domande. Non ha conoscenze particolari. Sì, indossa giacca e cravatta, ma è l'unica differenza visibile tra lui e il primo che passa. "Siamo tutti nella stessa barca schifosa."

Nel vagone stipato non possono stare seduti, figurarsi coricati. Due secchi fanno da latrina. Una volta che questi sono pieni, scoppiano liti perché tutti cercano di allontanarsi dal tanfo, finché i secchi non si rovesciano, riversando fuori il loro contenuto. Lale si aggrappa alla sua valigia, e con i soldi e gli indumenti che ha spera, qualunque sia il luogo a cui sono diretti, di comprarsi una via di uscita o quanto meno di pagarsi un lavoro sicuro. "Forse ci saranno dei lavori in cui posso usare le mie lingue."

Lale si sente fortunato ad aver trovato posto sul fianco del vagone. I pertugi sottili tra le assi gli consentono di scorgere la campagna attraversata dal treno. Rubando boccate d'aria fresca, riesce a tenere a bada le ondate montanti di nausea. Sarà anche primavera, ma le giornate sono colme di pioggia e nuvole pesanti. Di tanto in tanto passano davanti a campi incendiati da fiori primaverili e Lale sorride tra sé e sé. I fiori. Sin da piccolo ha imparato da sua madre che le donne li amano. Quando avrebbe regalato ancora dei fiori a una ragazza? Li abbraccia con lo sguardo, davanti agli occhi brillano i colori vivaci, campi interi di papaveri che ondeggiano alla brezza, una massa scarlatta. Giura a sé stesso che la prossima volta che regalerà dei fiori a qualcuno li raccoglierà personalmente. Non si era mai accorto che crescevano selvatici in così grande quantità. Sua madre ne aveva un po' in giardino, ma non li coglieva mai per portarli dentro. Comincia a redigere una lista mentale delle cose da fare: "Quando torno a casa...".

Scoppia un'altra zuffa. Un tafferuglio. Grida. Lale cerca di vedere che cosa succede, ma non ci riesce. Sente solo i corpi che si contorcono e spingono, poi il silenzio e, da qualche parte, le parole: «L'hai ucciso».

«Che culo che ha!» mormora qualcuno.

"Poveraccio... Io ci tengo troppo alla vita per finire in questo carnaio."

Ci sono molte soste durante il viaggio, alcune di pochi minuti, altre di ore, sempre fuori da una città o da un villaggio.

Ogni tanto Lale riesce a sbirciare il nome delle località mentre sfrecciano attraverso le stazioni: Ostrava, una città vicino al confine tra la Cecoslovacchia e la Polonia; poi Zwardón, Dziedzice e Dankowice, che gli confermano che stanno attraversando la Polonia. La domanda senza risposta: dove si fermeranno? Lui trascorre la maggior parte del viaggio perso nei suoi pensieri, ricordando la sua vita a Bratislava: il lavoro, l'appartamento, gli amici... le amiche, in particolare.

Il treno si ferma ancora. È buio pesto, le nuvole oscurano completamente la luna e le stelle. L'oscurità è presagio del loro futuro? "Le cose sono come sono. Quello che vedo, sento, odo e odoro proprio adesso." Vede solo uomini come lui, giovani e in viaggio verso l'ignoto. Sente il brontolio di stomaci vuoti e il raschio di trachee secche. Sente il puzzo di piscio e di merda e gli odori corporei di persone che non si lavano da troppo tempo. Tutti approfittano del fatto di non essere sballonzolati per riposare senza dover spintonare in cerca di un po' di spazio. Ora più di una testa si posa su Lale.

Rumori forti provengono da alcuni vagoni più indietro e a poco a poco si avvicinano. Laggiù qualcuno ne ha avuto abbastanza e tenta la fuga. Il baccano degli uomini che si lanciano contro le paratie di legno del vagone e i colpi dati con quello che dev'essere uno dei secchi per la merda svegliano tutti. Nel giro di poco tempo ogni vagone è assaltato dall'interno.

«Aiutami o levati di torno», urla a Lale un uomo grande e grosso mentre si scaglia contro il fianco del vagone.

«Non sprecare le tue energie», ribatte Lale.

Parecchi compagni interrompono i loro sforzi e si girano furiosi verso di lui.

«Se queste pareti si potessero sfondare, non credete che una mucca l'avrebbe già fatto?»

Gli uomini riflettono sulla sua osservazione. Il treno sobbalza in avanti. Chiaramente i responsabili hanno deciso che il movimento avrebbe soffocato la sommossa. I vagoni si calmano. Lale chiude gli occhi.

Lale era tornato a casa dei genitori, a Krompachy, in Slovacchia, a seguito della notizia che nelle cittadine gli ebrei venivano rastrellati e deportati per lavorare per i tedeschi. Sapeva che non avevano più il permesso di lavorare e che le loro aziende erano state confiscate. Per quasi quattro settimane aveva dato una mano in casa, riparando oggetti con il padre e il fratello, costruendo nuovi letti per i nipotini, troppo cresciuti per le loro culle. Sua sorella era l'unico membro della famiglia che guadagnava qualcosa, lavorando come sarta. Doveva andare al lavoro di nascosto prima dell'alba e tornare dopo il tramonto. Il suo capo era disposto ad assumersi questo rischio per la sua dipendente migliore.

Una sera rientrò a casa con un manifesto che il suo capo avrebbe dovuto affiggere in vetrina. Esigeva che ogni famiglia ebrea consegnasse un figlio di età superiore ai diciotto anni affinché lavorasse per il governo tedesco. I sussurri e le voci su ciò che accadeva in altre città arrivarono infine a Krompachy. Sembrava che il governo slovacco stesse ulteriormente acconsentendo alle richieste di Hitler, dandogli ciò che voleva. Una frase in grassetto sul manifesto ammoniva che se una famiglia aveva un figlio di quell'età e non lo consegnava, tutta la famiglia sarebbe stata deportata in un campo di concentramento. Max, il fratello maggiore, aveva detto subito che sarebbe andato lui, ma Lale non ne voleva sapere. Max aveva una moglie e due bambini piccoli, che avevano bisogno di lui. E, data la salute cagionevole del padre, anche alla madre e alla sorella serviva un aiuto.

Lale si era presentato all'ufficio governativo locale di Krompachy e si era offerto per essere deportato. I funzionari con cui ebbe a che fare erano stati suoi amici: erano andati a scuola insieme e conoscevano le rispettive famiglie. A Lale fu detto di recarsi a Praga, presentarsi all'ufficio del governo preposto e attendere ulteriori istruzioni.

Dopo due giorni il carro bestiame si ferma di nuovo. Stavolta fuori c'è una grande confusione. I cani abbaiano, qualcuno sbraita ordini in tedesco, i catenacci vengono sganciati e i portelloni si aprono con un clangore.

«Scendete dal treno, lasciate lì i vostri effetti personali», gridano i soldati. «Veloci, veloci, sbrigatevi! Lasciate a terra le vostre cose!» Trovandosi in fondo al vagone, Lale è uno degli ultimi a scendere. Avvicinandosi all'uscita scorge l'uomo ucciso due giorni prima. Chiude gli occhi e prende atto della sua morte recitando una breve preghiera. A spingerlo fuori dal vagone è il fetore che gli impregna gli indumenti, la pelle, ogni fibra del suo essere. Atterra flettendo le ginocchia, tocca la ghiaia con le mani e resta accucciato per parecchi istanti. Boccheggia esausto, dolorosamente assetato. Alzandosi adagio, guarda attorno a lui le centinaia di giovani spaventati che cercano di comprendere la scena che si svolge davanti a loro. I cani azzannano e mordono chi è lento a muoversi. Molti inciampano, con i muscoli delle gambe che si rifiutano di funzionare dopo giorni di mancato uso. Valigie, pacchi di libri, magri averi vengono strappati a quelli che non vogliono cederli o che, semplicemente, non capiscono gli ordini. Poi vengono colpiti da un pugno o da un fucile. Lale studia gli uomini in uniforme. Neri e minacciosi. I due fulmini gemelli sul colletto delle giacche gli rivelano con chi ha a che fare. Le SS. In altre circostanze avrebbe apprezzato il lavoro di sartoria, la finezza del tessuto, la precisione del taglio.

Appoggia la valigia a terra. "Come faranno a sapere che questa è la mia?" Con un brivido si rende conto che difficilmente rivedrà il bagaglio o il suo contenuto. Si porta la mano al cuore, al denaro nascosto nella tasca della giacca. Scruta il cielo, inspira l'aria fresca e pulita e si dice che, se non altro, è all'aperto.

Uno sparo risuona e Lale sobbalza. Davanti a lui c'è un ufficiale delle SS, con l'arma puntata verso il cielo. «Muovetevi!» Lale si gira e guarda il treno vuoto. Il vento fa volare via i vestiti e sfoglia i libri. Arrivano parecchi camion e dei ragazzini saltano giù. Raccolgono lesti gli oggetti abbandonati e li buttano nei camion. Lale sente che un peso gli si posa tra le scapole. "Mi spiace, mamma, si sono presi i tuoi libri."

Marciano verso gli edifici di mattoni rosa con grandi finestre che si stagliano davanti a loro. Due file di alberi costeggiano il viale d'ingresso, sormontati dalle lussureggianti chiome primaverili. Quando Lale varca i cancelli aperti in ferro battuto, alza lo sguardo e vede le parole tedesche modellate nel ferro.

ARBEIT MACHT FREI

Il lavoro rende liberi.

Non sa dove si trova o quale lavoro dovrà svolgere, ma l'idea che questo lo renda libero gli sembra una specie di macabro scherzo.

SS, fucili, cani, i suoi averi rubati... tutto questo richiede un ripensamento.

«Dove siamo?»

Lale si gira e vede che Aron è tornato al suo fianco.

«Alla fine del viaggio, direi.»

Aron si rabbuia in viso.

«Fai quello che ti dicono e andrà tutto bene.» Sa di non suonare troppo convincente. Rivolge un sorriso veloce ad Aron, che lo contraccambia. In silenzio Lale si dice di seguire il suo stesso consiglio: "Fai quello che ti dicono. E osserva sempre".

Una volta entrati nel recinto del campo, gli uomini vengono distribuiti in due linee rette. A capo della fila di Lale c'è il volto pesto di un recluso, seduto a un tavolino. Indossa una giacca e pantaloni a strisce verticali blu e bianche, con un triangolo verde sul petto. In piedi dietro di lui, un ufficiale delle SS con il fucile spianato.

In cielo appaiono le nubi e, da lontano, il fragore dei tuoni. Gli uomini aspettano.

Arriva un superiore, scortato da un manipolo di soldati. Ha la mascella squadrata, labbra sottili e occhi sormontati da folte sopracciglia nere. La sua uniforme è semplice rispetto a quella di chi lo protegge. Niente fulmini. Il suo atteggiamento mostra che è lui che comanda.

«Benvenuti ad Auschwitz.»

Lale ascolta incredulo quelle parole uscite da una bocca che si muove a malapena. Dopo che l'hanno costretto ad abbandonare casa sua, dopo che l'hanno trasportato come un animale, circondato da SS armate fino ai denti, ora gli danno il benvenuto. Il benvenuto!

«Io sono il comandante Rudolf Höss. Sono il responsabile di Auschwitz. I cancelli che avete appena varcato dicono "Il lavoro rende liberi". Questa è la vostra prima lezione, l'unica vostra lezione. Lavorate duro. Fate quello che vi si dice, e sarete liberi. Disobbedite, e ne pagherete le conseguenze. Sarete registrati qui e poi trasferiti nella vostra nuova casa, Auschwitz II – Birkenau.»

Il comandante scruta i loro volti. Sta per dire qualcos'altro ma è interrotto da un rumoroso rombo di tuono. Guarda verso il cielo, mormora a bassa voce qualche parola, liquida gli uomini con un gesto della mano e si gira per andarsene. Lo spettacolo è finito. La sua scorta di sicurezza si affretta a seguirlo. Uno spettacolo maldestro, ma comunque intimidatorio.

La registrazione comincia. Lale osserva i primi prigionieri che vengono sospinti verso i tavoli. È troppo lontano per sentire i primi scambi di battute, ma vede gli uomini in pigiama seduti che trascrivono i dettagli e poi porgono a ogni nuovo arrivato una piccola ricevuta. Finalmente è il suo turno. Deve fornire nome, indirizzo, occupazione e generalità dei genitori. L'uomo emaciato al tavolo trascrive le risposte con una calligrafia ordinata e svolazzante e dà a Lale un pezzo di carta con sopra un numero. Durante tutto il tempo l'uomo non alza mai la testa per incrociare il suo sguardo.

Lale guarda il numero. È il 32407.

Procede strascicando i piedi e segue il flusso di uomini diretti a un'altra serie di tavoli, dove un altro gruppo di prigionieri porta il triangolo verde, e dove ci sono altre SS. Il bisogno di acqua minaccia di travolgerlo. Assetato ed esausto, è sorpreso quando gli prendono di mano il pezzo di carta. Un ufficiale delle SS gli toglie la giacca, gli strappa la manica della camicia e gli mette l'avambraccio sinistro sul tavolo. Lale osserva incredulo mentre gli incidono i numeri 32407 nel braccio, uno dopo l'altro. Il pezzo di legno con dentro un ago si muove rapido, facendogli male. Poi l'uomo prende uno straccio imbevuto d'inchiostro verde e lo sfrega alla bell'e meglio sulla ferita.

Il tatuaggio è durato pochi secondi, ma lo shock di Lale ha fermato il tempo. Si afferra il braccio, fissa il numero. "Come si può fare una cosa del genere a un altro essere umano?"

Si chiede se il resto della sua vita, breve o lunga che sia, sarà definito da questo momento e da quel numero irregolare: 32407.

Uno spintone dato col calcio del fucile interrompe lo stato di trance di Lale, che raccoglie la giacca da terra e barcolla in avanti, seguendo gli uomini davanti a lui fino a un grande edificio di mattoni con una fila di panchine addossate ai muri. Gli ricorda la palestra della scuola di Praga dove ha dormito cinque giorni prima di iniziare il viaggio che l'ha portato lì.

«Spogliatevi.»

«Più veloci, più veloci!»

Le SS abbaiano ordini che la maggior parte degli uomini non capisce. Lale traduce per quelli vicino a lui che, a loro volta, fanno circolare le sue parole.

«Lasciate i vestiti sulla panchina. Li ritroverete dopo aver fatto la doccia.»

Subito dopo il gruppo si toglie i pantaloni e le camicie sudice, le giacche e le scarpe, ripiega gli indumenti e li posa ordinatamente sulle panchine.

Lale si rianima al pensiero dell'acqua, ma sa che probabilmente non rivedrà i suoi abiti, né il denaro che c'è dentro.

L'indignazione minaccia di sopraffarlo. Si toglie i vestiti e li mette sulla panchina. Dalla tasca dei pantaloni prende un pacchetto sottile di fiammiferi, un ricordo dei piaceri del passato, e lancia un'occhiata furtiva all'ufficiale più vicino, che guarda da un'altra parte. Lale accende un fiammifero. Questa potrebbe essere l'ultima azione che compie di sua spontanea volontà. Avvicina il fiammifero alla fodera della giacca, lo copre con i pantaloni e si affretta a raggiungere la fila di uomini alle docce. Dietro di lui, nel giro di pochi secondi, sente qualcuno gridare: «Al fuoco!». Lale si gira, vede uomini nudi che sgomitano e spintonano per allontanarsi dalle fiamme mentre un ufficiale delle SS cerca di spegnerle.

Non ha ancora raggiunto le docce, ma sente che sta tremando. "Che cosa ho combinato?" Ha passato parecchi giorni a dire a tutti di tenere la testa bassa, di fare quel che si diceva loro, di non contrapporsi a nessuno, e adesso ha appiccato un dannato incendio in un edificio. Non ha molti dubbi su ciò che succederebbe se qualcuno lo additasse come piromane. "Stupido, stupido."

Nel blocco delle docce si calma, respira a fondo. Centinaia di uomini tremanti stanno spalla a spalla mentre l'acqua piove loro addosso. Piegano la testa all'indietro e la bevono disperatamente, nonostante puzzi. Molti cercano di diminuire la propria vergogna coprendosi i genitali con le mani. Lale si lava via il sudore, la sporcizia e il fetore dal corpo e dai capelli. L'acqua sibila nei tubi e martella il pavimento. Quando smette, le porte si riaprono verso lo spogliatoio e, senza che nessuno glielo ordini, tornano verso quello che ora ha sostituito i loro indumenti: vecchie uniformi e stivali dell'esercito russo.

«Prima di rivestirvi dovete andare dal barbiere», dice un ufficiale delle SS con un sogghigno. «Fuori, in fretta!»

Tutti si rimettono in fila. Si dirigono verso un prigioniero che li aspetta con un rasoio. Quando è il suo turno, Lale si siede sulla sedia con la schiena dritta e la testa rivolta verso l'alto. Osserva gli ufficiali delle SS che camminano lungo la fila, aggredendo i prigionieri nudi con la punta delle loro armi, insultandoli e ridendo con crudeltà. Lale assume una posizione ancora più eretta e solleva ancora di più la testa mentre i capelli vengono ridotti a stoppia, senza battere ciglio quando qui e là il rasoio gli taglia il cuoio capelluto.

Uno spintone nella schiena assestato da un ufficiale indica che ha finito. Lale si accoda alla fila che ritorna alle docce. Insieme con gli altri cerca indumenti e scarpe di legno della misura giusta. Quello che c'è è sporco, macchiato e di ogni misura, ma lui riesce a trovare delle scarpe che più o meno gli calzano e spera che le uniformi russe che pesca gli vadano bene. Una volta vestito esce dall'edificio come gli viene ordinato.

Si sta facendo buio. Cammina sotto la pioggia, uno tra innumerevoli uomini, per quello che sembra un tempo lunghissimo. Il fango diventa più denso e gli rende difficile alzare i piedi, ma lui incede con determinazione. Quando alcuni suoi compagni faticano o cadono sulle mani o in ginocchio vengono picchiati finché non si rialzano. Se non lo fanno vengono uccisi con uno sparo.

Lale cerca di staccarsi dalla pelle l'uniforme pesante e inzuppata. Lo pizzica e lo irrita, e l'odore di lana bagnata e terriccio lo riporta al carro bestiame. Solleva gli occhi al cielo, cercando di inghiottire più pioggia possibile. Quel sapore dolce è quanto di meglio gli sia capitato da giorni, l'unica cosa che ha avuto, capace di alleviare la sete che aumenta la stanchezza e confonde la vista. Lui la manda giù. Con le mani a coppa beve rumorosamente e avidamente via via che piccole quantità di acqua vi si raccolgono. In lontananza vede dei riflettori che circondano una vasta area. Nel suo stato di semidelirio gli sembrano fari che lampeggiano e danzano nella pioggia mostrandogli la strada verso casa. Lo chiamano: *Vieni da me, ti darò riparo, calore e nutrimento. Continua a camminare.* Ma quando varca i cancelli – e questi non recano nessun messaggio, nessuna promessa di libertà in cambio di duro lavoro – Lale si rende conto che il miraggio scintillante è svanito. È in un'altra prigione.

Oltre quel cortile c'è un complesso di edifici che affonda nell'oscurità. La sommità delle recinzioni è rivestita di filo spinato. Sulle torrette di guardia Lale vede delle SS che puntano i fucili verso di lui. Un fulmine colpisce una recinzione lì vicino. "Sono elettrificate." Il tuono non è abbastanza forte da soffocare il rumore di uno sparo... un altro uomo che cade.

«Ce l'abbiamo fatta.»

Lale si gira e vede Aron che si fa strada verso di lui. Fradicio, malridotto. Però vivo e vegeto.

«Sì, a quanto pare siamo arrivati a casa. Come sei conciato!»

«Perché non ti sei visto tu. Considerami uno specchio.»

«No, grazie.»

«Che cosa succede, adesso?» chiede Aron, con il tono di un bambino bisognoso di attenzioni.

Seguendo il flusso costante di uomini, entrambi mostrano il braccio tatuato a un ufficiale delle SS che, in piedi davanti a un edificio, registra il numero su una cartella. Con un poderoso spintone nella schiena Lale e Aron si ritrovano nel Blocco 7, una grande baracca con tre piani di paglericci addossati a una parete. Decine di uomini vengono costretti a entrare. Si accapigliano e si fanno avanti sgomitando per conquistarsi uno spazio. Se sono abbastanza fortunati o aggressivi, riescono a condividerlo solo con una o due persone. La fortuna non è dalla parte di Lale. Lui e Aron si arrampicano all'ultimo piano di un letto che è già stato occupato da altri due prigionieri. Siccome non mangiano da giorni, non hanno molta forza per respingerli. Lale si raggomitola meglio che può sul sacco pieno di paglia che fa da materasso. Si preme le mani sullo stomaco nel tentativo di soffocare i crampi che gli invadono la parte inferiore dell'intestino. Parecchi uomini gridano alle guardie: «Abbiamo bisogno di cibo!».

Si sentono rispondere: «Avrete qualcosa domattina».

«Saremo tutti morti di fame prima di domattina», dice qualcuno in fondo al blocco.

«E in pace», aggiunge una voce cavernosa.

«Questi materassi contengono fieno», dice un altro. «Forse dobbiamo continuare a comportarci da bestie e mangiarlo?»

Qui e là qualche risata soffocata. Nessuna reazione da parte dell'ufficiale.

Poi, dalle profondità del dormitorio, si sente un esitante *muuuuuh*...

Risate, sommesse eppure reali. L'ufficiale, invisibile ma presente, non le interrompe, e alla fine gli uomini si addormentano, con gli stomaci che brontolano.

È ancora buio quando Lale si sveglia perché gli scappa di fare una pisciata. Scavalca i suoi compagni che dormono e scende a terra. Procede a tentoni verso il retro del blocco, pensando che sia il posto più sicuro per svuotare la vescica. Avvicinandosi, sente delle voci: slovacco e tedesco. È sollevato nel vedere che sono state realizzate delle latrine, per quanto rudimentali. Lunghi fossati corrono dietro l'edificio, coperti da assi di legno. Tre prigionieri sono seduti di traverso sul fossato, cacano e chiacchierano tranquillamente. Lale vede anche due SS che si avvicinano nella semioscurità dall'altra estremità dell'edificio, fumando e ridendo, con i fucili che penzolano lungo la schiena. La luce sfarfallante dei riflettori proietta le loro ombre inquietanti. Non distingue quel che dicono. Lale ha la vescica piena, ma esita.

All'unisono gli ufficiali scagliano le sigarette in aria, imbracciano i fucili e aprono il fuoco. I corpi dei tre prigionieri si accasciano all'indietro nel fossato. A Lale si blocca il respiro in gola. Con il dorso si appiattisce contro il muro mentre i militari si avvicinano. Scorge il profilo di uno di loro: un ragazzo, soltanto un maledetto bambino.

Quando le loro schiene scompaiono nell'oscurità, Lale fa un giuramento a sé stesso: "Vivrò per uscire da questo posto. Me ne andrò da uomo libero. Se c'è un inferno, farò in modo che questi assassini vi brucino". Pensa alla sua famiglia a Krompachy e spera almeno di averla salvata da un destino analogo.

Lale si svuota la vescica e ritorna alla sua branda.

«Gli spari, che cos'erano?» chiede Aron.

«Non ho visto niente.»

Aron scavalca Lale con una gamba e fa per scendere a terra.

«Dove vai?»

«A pisciare.»

Lale si sporge verso il fianco del letto e afferra la mano di Aron. «Aspetta.»

«Perché?»

«Hai sentito gli spari. Aspetta fino a domattina.»

Aron non ribatte e, arrampicandosi, ritorna a letto, si corica, i due pugni appallottolati contro l'inguine, per timore e per sfida.

Suo padre era andato a prendere un cliente alla stazione ferroviaria. Il signor Sheinberg era pronto a issarsi con eleganza sulla carrozza, mentre il padre di Lale posava il suo bagaglio di pelle pregiata sull'altro sedile. Da dove veniva? Praga? Bratislava? Vienna, forse? Indossava un bel vestito di lana, le scarpe appena lucidate. Sorrise e, mentre saliva, scambiò qualche parola con suo padre, il quale spronò il cavallo. Come gran parte degli uomini che il padre di Lale scarrozzava in giro con il suo servizio di taxi, il signor Sheinberg rientrava da affari importanti. Lale voleva essere come lui, più che come suo padre.

Quel giorno il signor Sheinberg non aveva la moglie con sé. Lale amava sbirciare la signora Sheinberg e le altre donne che viaggiavano nelle carrozze del padre, le piccole mani rivestite da guanti bianchi e gli eleganti orecchini di perla abbinati alle collane. Amava le belle donne che indossavano vestiti e gioielli raffinati e che talvolta accompagnavano quegli uomini importanti. L'unico vantaggio di aiutare suo padre consisteva nell'aprire lo sportello della carrozza, prendendo le loro mani tra le sue per aiutarle a scendere, e inalare il loro profumo sognando la vita che conducevano.

2.

«Fuori. Tutti fuori!»

I fischietti suonano e i cani abbaiano. La luce del sole di un limpido mattino filtra attraverso la porta nel Blocco 7. Gli uomini si districano l'uno dall'altro, scendono dai pagliericci e si trascinano all'esterno. Si fermano appena fuori dall'edificio. Nessuno è disposto ad allontanarsi troppo. Aspettano. E aspettano ancora. Quelli che gridavano e suonavano il fischietto sono scomparsi. Gli uomini strusciano i piedi avanti e indietro e sussurrano alla persona più vicina. Guardando le altre baracche vedono svolgersi le stesse scene. E adesso? Attendere.

A quella che dev'essere un'ora designata un ufficiale delle SS e un prigioniero si avvicinano al Blocco 7, che piomba nel silenzio. Non vengono fatte presentazioni. Il prigioniero chiama dei numeri leggendoli da una cartelletta. L'ufficiale al suo fianco tamburella impaziente col piede, battendosi una coscia col manganello. Ci mettono un po' a capire che i numeri si riferiscono ai tatuaggi che hanno sul braccio sinistro. Quando l'appello è terminato, due numeri non hanno ricevuto risposta.

«Tu.» L'uomo che sta facendo l'appello indica un tizio in fondo alla fila. «Torna dentro e vedi se c'è ancora qualcuno.»

L'interpellato lo guarda con aria perplessa. Non ha capito una parola. Il prigioniero accanto a lui gli traduce l'ordine e lui corre dentro. Qualche istante dopo torna, alza la mano destra e allunga l'indice e il medio: due morti.

L'ufficiale delle SS fa un passo avanti. Parla tedesco. I prigionieri hanno già imparato a tenere la bocca chiusa e ad aspettare obbedienti, sperando che qualcuno tra loro sia in grado di tradurre. Lale capisce tutto.

«Avrete due pasti al giorno, uno la mattina e uno la sera. Se sopravvivrete fino alla sera.» Fa una pausa, con un sorriso arcigno sulle labbra. «Dopo il pasto del mattino lavorerete fino a che non vi diremo di smettere. Continuerete a costruire questo campo. Abbiamo molta altra gente da trasportare qui.» Il sorriso si trasforma in un sogghigno orgoglioso. «Seguite gli ordini del vostro kapò e dei responsabili del programma di edificazione e vedrete tramontare il sole.»

Si sente un clangore metallico. I prigionieri si girano e vedono un gruppo di uomini che si avvicina con due marmitte e una gran quantità di piccole latte. Colazione. Qualche prigioniero si dirige verso il gruppetto, come per dare una mano.

«Se qualcuno si muove gli sparo», abbaia l'ufficiale alzando il fucile. «Non ci sarà una seconda possibilità.»

Il militare se ne va e il prigioniero che ha fatto l'appello si rivolge al gruppo. «L'avete sentito», dice in tedesco con accento polacco. «Io sono il vostro kapò, il vostro capo. Formerete due file per prendere il vitto. Chiunque si lamenti ne subirà le conseguenze.»

Gli uomini sgomitano per mettersi in fila e parecchi di loro cominciano a mormorare, chiedendo se qualcuno ha capito cosa ha detto «il tedesco». Lale lo riferisce a quelli che ha intorno e chiede di passare parola. Tradurrà il più possibile.

Quando arriva all'inizio della fila accetta grato una piccola tazza di latta, il cui contenuto deborda rovesciandosi sulle dita ruvide di chi gliel'ha ficcata in mano. Lui si fa da parte ed esamina il suo pasto. È marrone, non contiene nulla di solido e ha un odore che non riesce a identificare. Non è tè né caffè né zuppa. Teme di rigurgitare quel liquido schifoso se lo beve piano, perciò chiude gli occhi, si tappa il naso con le dita e lo trangugia. Altri non sono così fortunati.

Aron, che è lì accanto, solleva la sua tazza mimando un brindisi. «Ho un pezzo di patata, e tu?»

«Erano secoli che non mangiavo così bene.»

«Sei sempre così allegro?»

«Chiedimelo ancora alla fine della giornata», replica Lale facendogli l'occhiolino.

Il kapò grida: «Fannulloni, quando avete finito di mangiare rimettetevi in fila! Il lavoro vi aspetta!».

Lale traduce l'ordine e, restituendo la tazza vuota al prigioniero che gliel'ha data, lo ringrazia con un cenno rapido della testa e un mezzo sorriso.

«Seguitemi!» urla il kapò. «E obbedite agli ordini del caposquadra. Battete la fiacca, e io lo verrò a sapere!»

Lale e gli altri si ritrovano davanti a un edificio costruito solo in parte, una replica della loro baracca. Altri prigionieri sono già lì: falegnami e muratori che sgobbano silenziosamente al ritmo consolidato di gente abituata a lavorare insieme.

«Tu. Sì, tu. Sali sul tetto. Puoi lavorare lassù.»

L'ordine è rivolto a Lale. Guardandosi attorno, scorge una scala che porta al tetto, che per ora consiste solo di travi di legno. Lì sono accucciati due uomini in attesa di ricevere le tegole che qualcuno passa loro da sotto. I due si fanno da parte quando Lale si arrampica sul tetto.

«Stai attento», lo avverte uno dei manovali, un russo. «Vai un po' più su e guarda noi. Non è difficile, imparerai subito come si fa.»

«Mi chiamo Lale.»

«Le presentazioni dopo, d'accordo?» I due uomini si scambiano uno sguardo. «Mi capisci?»

«Sì», risponde Lale in russo, e gli uomini sorridono.

Li osserva afferrare le pesanti tegole di argilla dalle due mani che spuntano dal bordo del tetto, gattonare verso il punto in cui sono state posate le ultime tegole e sovrapporle con cura, prima di ritornare alla scala a prendere quelle successive. Il russo aveva ragione e non ci vuole molto affinché Lale si unisca a loro nell'afferrare e posare le tegole. In quella giornata calda di primavera, solo i morsi della fame e i crampi gli impediscono di stare al passo con i lavoratori più esperti.

Deve trascorrere qualche ora prima che permettano loro di fare una pausa. Lale si dirige alla scala, ma il russo lo ferma.

«È più sicuro stare quassù a riposare. Qui in alto non ci vedono bene.»

Lale segue i due uomini, che evidentemente conoscono il posto migliore in cui sedersi e allungarsi: l'angolo in cui sono state usate travi più resistenti per rinforzare il tetto.

«Da quanto tempo siete qui?» chiede Lale non appena si sono sistemati.

«Circa due mesi, credo. È difficile dirlo, dopo un po'.»

«Da dove venite? Voglio dire, come siete finiti qui? Siete ebrei?»

«Una domanda alla volta.»

Il russo ridacchia e il lavoratore più giovane e più grosso rotea gli occhi per l'ignoranza del nuovo arrivato, che deve ancora imparare qual è il suo posto nel campo.

«Non siamo ebrei, siamo soldati russi. Siamo stati separati dalla nostra compagnia e quei tedeschi del cazzo ci hanno catturati e messi al lavoro. E tu? Ebreo?»

«Sì, faccio parte di un grande gruppo che è stato portato ieri dalla Slovacchia. Tutti ebrei.»

I due russi si scambiano un'occhiata. Quello più giovane si gira, chiude gli occhi, alza il viso verso il sole e lascia che sia il suo compagno a continuare la conversazione.

«Guardati attorno. Da quassù puoi vedere quanti blocchi stanno costruendo e quanto terreno devono ancora sgomberare.»

Lale fa leva sui gomiti e osserva la vasta area all'interno della recinzione elettrificata. In lontananza si estendono blocchi come quello che sta aiutando a costruire. Ha un sussulto d'orrore alla vista di ciò che quel posto potrebbe diventare. È combattuto, perché non vuole dar voce alla sua angoscia. Torna a sedersi, distoglie lo sguardo dai compagni, con un disperato bisogno di ritrovare il controllo sulle proprie emozioni. Non deve fidarsi di nessuno, meglio rivelare poco di sé stesso, essere cauto...

L'uomo più vecchio lo fissa con insistenza e dice: «Ho sentito le SS vantarsi che questo sarà il campo di concentramento più grande di tutti».

«Davvero?» chiede Lale, sforzandosi di alzare la voce al di sopra di un sussurro. «Be', se dobbiamo costruirlo insieme, tanto vale che mi diciate i vostri nomi.»

«Andor», risponde l'uomo. «E questo bestione è Boris. Non parla molto.»

«Se parli troppo, qui ti ammazzano», mormora Boris porgendo la mano a Lale.

«Che cos'altro sapete dirmi della gente del campo?» domanda Lale. «E chi diavolo sono questi kapò?»

«Spiegaglielo tu», dice Boris sbadigliando.

«Be', ci sono altri soldati russi come noi, ma non tanti, e poi ci sono tutti i vari triangoli.»

«Tipo il triangolo verde del mio kapò?»

Andor ride. «Ah, i verdi sono i peggiori... Sono criminali: assassini, stupratori, gentaglia così. Sono delle buone guardie perché sono persone terribili.» Poi continua: «Altri sono qui per le loro opinioni antitedesche. Portano il triangolo rosso. Ne vedrai qualcun altro, non molti, col triangolo nero... Sono dei fannulloni e non durano a lungo. E infine ci siete tu e i tuoi amici».

«Noi portiamo la stella gialla.»

«Sì, voi portate la stella. Il vostro crimine è di essere ebrei.»

«Perché voi non avete un colore?» chiede Lale.

Andor si stringe nelle spalle. «Noi siamo il nemico e basta.»

Boris sbuffa. «Ci insultano facendo indossare a voi le nostre uniformi. Non possono fare peggio di così.»

Un fischietto suona e i tre uomini tornano al lavoro.

Quella sera gli uomini del Blocco 7 si radunano in piccoli gruppi per parlare, condividere quello che hanno saputo e farsi domande a vicenda. Parecchi si ritirano all'estremità della baracca, dove offrono le loro preghiere a Dio. Queste si confondono diventando qualcosa di incomprensibile. "Pregano per essere aiutati, vendicati, accettati?"

A Lale sembra che, senza un rabbino che li guidi, ogni uomo preghi per ciò che per lui è più importante. E decide che è così che dev'essere. Gironzola tra i gruppi, ascolta ma non partecipa.

Alla fine della prima giornata Lale ha esaurito la conoscenza dei suoi due compagni di lavoro russi. Per il resto della settimana tiene la testa bassa, fa quello che gli si chiede e non discute mai. Allo stesso tempo osserva tutti e tutto ciò che accade attorno a lui. Osservando la struttura dei nuovi edifici si rende conto che i tedeschi sono privi di qualsiasi competenza architettonica. Ogni volta che può, ascolta i discorsi e i pettegolezzi delle SS, che non sanno che lui li capisce. Gli forniscono così l'unico tipo di munizioni a sua disposizione, la conoscenza, che potrà tornare utile in futuro. Le guardie ciondolano per gran parte del giorno, appoggiate agli edifici, fumano e tengono distrattamente d'occhio le cose. Origliando, Lale viene a sapere che il comandante del campo Höss è un fannullone che non si fa mai vedere e che ad Auschwitz gli alloggi per i tedeschi sono migliori di quelli di Birkenau, dove non si trovano né sigarette né birra.

Agli occhi di Lale spicca un gruppo di lavoratori. Se ne stanno per i fatti loro, indossano abiti civili e parlano con le SS senza temere per la propria sicurezza. Lale decide di scoprire qualcosa di più su di loro. Ce ne sono altri – prigionieri – che non raccolgono mai un pezzo di legno o una tegola, ma si limitano a camminare con noncuranza per il campo sbrigando altre faccende. Il suo kapò è uno di quelli. "Come si fa ad avere un lavoro così?" Un'occupazione del genere sarebbe il modo migliore per scoprire che cosa succede, quali sono i piani per Birkenau e, cosa ancora più importante, per lui.

Lale è sul tetto e sta posando le tegole sotto il sole, quando scorge il kapò che si dirige verso di loro. «Sbrigatevi, fannulloni, lavorate più veloci!» urla Lale. «C'è una baracca da finire!»

Continua a sbraitare ordini finché il kapò arriva sotto il tetto. È diventata abitudine di Lale salutarlo con un cenno deferente della testa. In un'occasione ha ricevuto un rapido gesto di risposta. Gli ha parlato in polacco. Se non altro, il kapò lo ha accettato come prigioniero sottomesso che non gli darà problemi.

Con un mezzo sorriso il kapò stabilisce un contatto visivo con Lale e gli fa segno di scendere dal tetto. Lale gli si avvicina a capo chino.

«Ti piace quello che fai, sul tetto?» gli chiede il kapò.

«Faccio quello che mi si chiede di fare», risponde Lale.

«Ma chiunque vuole una vita più facile, no?»

Lale non dice nulla.

«Mi serve un ragazzo», continua il kapò, giocherellando con l'orlo sfilacciato della camicia dell'esercito russo. Gli sta larga ed è stata scelta affinché quell'ometto appaia più grande e più cattivo alla gente che deve sorvegliare. Dalla sua bocca sdentata Lale sente uscire l'odore pungente di carne parzialmente digerita.

«Farai tutto quello che ti chiedo. Mi porterai da mangiare, mi pulirai gli stivali, e devi essere al mio fianco tutte le volte che ti cerco. Fallo e ti renderò la vita più facile, deludimi e ne pagherai le conseguenze.»

In risposta all'offerta di lavoro Lale resta in piedi accanto al kapò, chiedendosi se con quella promozione da muratore a tirapiedi abbia stretto un patto col diavolo.

In una bella giornata di primavera, Lale osserva un grande camion chiuso superare il punto in cui di solito viene scaricato il materiale edile e svoltare dietro l'edificio dell'amministrazione. Lale sa che la recinzione perimetrale non è molto distante da lì e non ha mai osato avventurarsi fino a quella zona, ma adesso la curiosità ha la meglio. Lo segue con l'aria di dire: "Il mio posto è qui e vado dove voglio".

Girato l'angolo, sbircia sul retro dell'edificio. Il camion si ferma di fianco a uno strano furgone blindato, trasformato in una specie di bunker, con lastre di acciaio inchiodate sui telai dei finestrini. Lale osserva decine di uomini nudi condotti fuori dal camion che vengono fatti entrare nel furgone. Alcuni salgono spontaneamente, mentre quelli che oppongono resistenza vengono colpiti con il calcio del fucile. Altri prigionieri trascinano gli obiettori quasi incoscienti verso il loro destino.

Il furgone è così pieno che gli ultimi a salire si aggrappano ai gradini con la punta dei piedi, mentre il sedere nudo sporge fuori dalla porta. Gli ufficiali premono con tutto il loro peso contro i corpi, dopodiché le porte vengono chiuse di colpo. Un ufficiale gira attorno al furgone e picchia sulle lastre di metallo per controllare che tutto sia a posto. Con agilità un altro ufficiale si arrampica sul tettuccio con una tanica in mano. Impietrito, Lale lo osserva aprire un piccolo portello sul tetto e capovolgere la tanica, dopodiché chiude di scatto il coperchio e lo aggancia. Mentre la guardia si affretta a scendere, il furgone oscilla violentemente e si sentono grida soffocate.

Lale cade in ginocchio, in preda ai conati. Resta lì, a vomitare per terra, mentre le grida cominciano a scemare.

Quando il furgone è silenzioso e immobile, le porte vengono aperte e gli uomini morti cadono fuori come blocchi di pietra.

Un gruppo di prigionieri sbuca a passo di marcia dall'altro angolo dell'edificio. Il camion fa retromarcia e i prigionieri cominciano a trasferirvi i corpi, barcollando sotto il peso mentre cercano di nascondere la loro angoscia. Lale è stato testimone di un'azione inimmaginabile. Si rialza vacillando, sulla soglia dell'inferno, e dentro di lui infuria una ridda di sensazioni.

La mattina dopo non riesce ad alzarsi. Tutto il suo corpo è in fiamme.

Lale impiega sette giorni a riprendere conoscenza. Qualcuno gli versa delicatamente dell'acqua nella bocca. Sente un panno fresco e bagnato sulla fronte.

«Ecco, ragazzo, non agitarti», gli dice una voce.

Lale apre gli occhi e vede uno sconosciuto, un uomo di una certa età che lo scruta dolcemente in volto. Si solleva sui gomiti e lo sconosciuto lo sostiene per farlo sedere. Lale si guarda attorno, confuso. Che giorno è? Dove si trova?

«L'aria fresca ti farà bene», aggiunge l'uomo, prendendolo per il gomito.

Viene scortato fuori, in una giornata senza nuvole, fatta per la gioia, e lui trema al ricordo dell'ultimo giorno come questo. Il mondo vortica e lui barcolla. Lo sconosciuto lo sorregge e lo conduce a una catasta di legno lì vicino.

Sollevando la manica di Lale, indica il numero tatuato.

«Mi chiamo Pepan, sono il *Tätowierer*, il tatuatore. Che ne pensi della mia opera?»

«Il *Tätowierer*?» ripete Lale. «Vuoi dire che sei stato tu a farmi questo?»

Pepan fa spallucce e fissa Lale dritto negli occhi. «Non ho avuto alternative.»

Lale scrolla la testa. «Dovendo scegliere un tatuaggio, non avrei pensato a questo numero.»

«Che cosa avresti preferito?» gli chiede Pepan.

Lale sorride con malizia.

«Come si chiama lei?»

«La mia fidanzata? Non lo so, non ci siamo ancora incontrati.»

Pepan ridacchia. I due uomini restano seduti in un silenzio cameratesco.

Lale passa un dito sui suoi numeri. «Da dove viene il tuo accento?» domanda.

«Sono francese.»

«Che cosa mi è successo?»

«Tifo. Eri destinato a una sepoltura precoce.»

Lale rabbrividisce. «Allora perché sono seduto qui con te?»

«Stavo passando davanti alla tua baracca proprio mentre buttavano il tuo corpo sul carro dei morti e dei moribondi. Un ragazzo implorava le SS di risparmiarti, dicendo che si sarebbe preso cura di te. Quando i militari sono entrati nella baracca successiva, ti ha spinto giù dal carro e ti ha trascinato nel tuo blocco. Io sono andato ad aiutarlo.»

«E questo quando è successo?»

«Sette, otto giorni fa. Da allora gli uomini della tua baracca ti hanno accudito durante la notte. Di giorno ho passato quanto più tempo possibile a prendermi cura di te. Come ti senti?»

«Mi sento bene. Non so cosa dire, come ringraziarti...»

«Ringrazia l'uomo che ti ha spinto giù dal carro. È stato il suo coraggio a strapparti alle fauci della morte.»

«Lo farò quando scoprirò chi è. Lo sai?»

«No, mi spiace. Non ci siamo presentati.»

Lale chiude gli occhi per qualche istante, lasciando che il sole gli scaldi la pelle e gli dia l'energia e la volontà di proseguire. Solleva le spalle cascanti e sente la risolutezza diffondersi nuovamente dentro di lui. È ancora vivo. Si alza sulle gambe tremanti, si stiracchia e, respirando, cerca di insufflare nuova vita in un corpo sofferente, bisognoso di medicine, nutrimento e idratazione.

«Siediti, sei ancora molto debole.»

Ammettendo l'ovvio, Lale obbedisce. Adesso, però, ha la schiena più dritta e la voce più ferma. Rivolge un sorriso a Pepan. Il vecchio Lale è tornato, quasi tanto affamato di informazioni quanto di cibo. «Vedo che porti una stella rossa», dice.

«Ah sì, ero professore universitario a Parigi, un professore troppo schietto.»

«Che cosa insegnavi?»

«Economia.»

«E come mai insegnare economia ti ha portato qui?»

«Be', Lale, solo perché un uomo tiene lezioni sulle imposte e sui tassi d'interesse non significa che non gli importi niente della politica del suo paese. La politica ti aiuta a capire il mondo, finché non lo capisci più e allora ti fa finire in un campo di concentramento. Vale per la politica, e anche per la religione.»

«E quando uscirai da qui tornerai a quella vita?»

«Sei un ottimista, non è vero? Non so che cosa riservi il mio futuro. O il tuo.»

«Non hai la sfera di cristallo, quindi.»

«No, davvero.»

Attraverso il rumore del cantiere, dei cani che abbaiano e

delle guardie che urlano, Pepan si china in avanti e chiede: «Sei forte di carattere quanto lo sei fisicamente?».

Lale risponde al suo sguardo. «Sono un sopravvissuto.»

«La tua forza può essere una debolezza, date le circostanze in cui ci troviamo. Con il tuo fascino e il tuo sorriso smagliante ti caccerai nei guai.»

«Sono un sopravvissuto.»

«Be', allora, forse posso aiutarti a sopravvivere qui dentro.»

«Hai amici altolocati?»

Pepan ride e gli dà una pacca sulla schiena. «No, nessun amico altolocato. Come ti ho detto, sono il *Tätowierer* e mi hanno detto che molto presto il numero di persone in arrivo aumenterà.»

Indugiano un istante su quel pensiero. Nella mente di Lale s'insinua l'idea che da qualche parte qualcuno prende delle decisioni, pesca dei numeri da... dove? "Come si decide chi viene qui? Su quali informazioni si basano queste decisioni? Razza o religione, politica o colore della pelle?"

«Mi incuriosisci, Lale. Mi hai affascinato. Avevi una forza che nemmeno il tuo corpo malato riusciva a nascondere. Ti ha fatto arrivare fino a qui, oggi, seduto davanti a me.»

Lale sente le parole, ma fatica a comprendere quello che Pepan vuole dire. Sono in un luogo in cui la gente muore ogni giorno, ogni ora, ogni minuto.

«Vorresti lavorare con me?» Pepan fa uscire Lale dalla sua tetraggine. «O sei felice di fare qualunque cosa ti fanno fare adesso?»

«Faccio quello che posso, per sopravvivere.»

«Allora accetta la mia offerta.»

«Vuoi che tatui le persone?»

«Sì, qualcuno deve pur farlo.»

«Non credo che ci riuscirei. Ferire altra gente, sfigurarla... Fa male, lo sai.»

Pepan solleva la manica e mostra il suo numero. «Fa un male cane. Se non accetti il lavoro tu, se ne occuperà qualcuno con meno cuore di te, e farà ancora più male a questa gente.»

«Lavorare per il kapò non è come danneggiare centinaia di innocenti.»

Segue un lungo silenzio. Lale rientra nei suoi luoghi oscuri. "Quelli che prendono le decisioni hanno una famiglia, una moglie, dei figli, dei genitori? Non è possibile."

«Puoi raccontarti ciò che vuoi, ma sei sempre un burattino dei nazisti, che tu sia con me o con il kapò o a costruire baracche, stai sempre facendo il lavoro sporco per loro.»

«Certo che hai una maniera di mettere le cose...»

«Allora?»

«Allora sì. Se riesci a organizzare la faccenda, lavorerò per te.»

«Non per me. Con me. Ma devi essere veloce ed efficiente e non creare problemi con le SS.»

«D'accordo.»

Pepan si alza e fa per andarsene. Lale lo afferra per una manica della camicia.

«Pepan, perché hai scelto me?»

«Ho visto un uomo che stava quasi morendo di fame rischiare la vita per salvarti. Ho immaginato che ne valesse la pena. Vengo a prenderti domattina. Adesso riposati un po'.»

Quella sera, quando i suoi compagni di blocco rientrano, Lale nota che manca Aron. Chiede agli altri due con cui condivide il letto che cosa gli è successo, da quanto tempo è scomparso.

«Da circa una settimana», è la risposta.

Lale si sente chiudere lo stomaco.

«Il kapò non ti trovava», dice l'uomo. «Aron avrebbe potuto dirgli che eri ammalato, ma ha pensato che, se l'avesse saputo, il kapò ti avrebbe rimesso sul carro dei morti, così ha detto che ti avevano già portato via.»

«E il kapò ha scoperto la verità?»

«No», sbadiglia l'uomo, esausto per il lavoro. «Ma era così arrabbiato che ha preso Aron lo stesso.»

Lale fatica a trattenere le lacrime.

Il secondo compagno di branda si rotola su un gomito.

«Gli hai messo in testa delle idee grandiose. Voleva salvare un essere umano.»

«Salvare un essere umano è salvare il mondo», dice Lale completando la frase.

Gli uomini affondano nel letto per un attimo. Lale fissa il soffitto, strizza gli occhi per scacciare le lacrime. Aron non è la prima persona a morire lì, e non sarà l'ultima.

«Grazie», dice.

«Abbiamo pensato di proseguire l'opera iniziata da Aron, per vedere se riuscivamo a salvare quell'uno.»

«Abbiamo fatto a turno», dice un ragazzo da sotto. «Ti abbiamo portato l'acqua di nascosto e abbiamo condiviso il pane con te, imboccandoti a forza.»

Un altro riprende il racconto. Si alza dalla branda sottostante, malconcio, con occhi azzurri velati, la voce piatta, ma ancora pieno di voglia di raccontare la sua parte di storia: «Ti abbiamo cambiato i vestiti sudici. Li abbiamo sostituiti con quelli di qualcuno che era morto durante la notte».

Ormai Lale non è più in grado di fermare le lacrime che gli scorrono lungo le guance emaciate.

«Non so...»

Non può fare nulla, se non sentirsi grato. Sa di avere un debito che non può ripagare – non ora, non lì, realisticamente mai.

Si addormenta con il ritmo espressivo dei canti ebraici di coloro che ancora si aggrappano alla fede.

La mattina dopo Lale è in coda per la colazione quando gli compare al fianco Pepan, che lo prende silenziosamente per un braccio e lo conduce verso il campo principale, dove i camion riversano il loro carico umano. Ha la sensazione di essere capitato nella scena di una tragedia. Alcuni attori sono gli stessi, la maggior parte sono nuovi, le battute ancora non scritte, il ruolo non ancora stabilito. La sua esperienza di vita non l'ha preparato a capire ciò che sta accadendo. Si ricorda di essere già stato lì prima. "Sì, però non da osservatore, ma da partecipante. Quale sarà il mio ruolo adesso?" Chiude gli occhi e immagina di avere davanti un'altra versione di sé stesso che guarda il braccio sinistro. È privo di numeri. Riapre gli occhi e abbassa lo sguardo verso il tatuaggio sul suo vero braccio sinistro, poi di nuovo lo rialza verso la scena davanti a lui.

Con la vista abbraccia le centinaia di nuovi prigionieri lì radunati. Ragazzi, uomini giovani, il terrore dipinto sui loro volti. Si tengono stretti. Si abbracciano. Le SS e i cani li conducono al macello come agnelli. Loro obbediscono. Si sta per decidere se vivranno o moriranno quel giorno stesso. La maggior parte di quelli che osserva sono morti che camminano. Smette di seguire Pepan e resta paralizzato. Pepan torna sui suoi passi e lo conduce verso alcuni tavolini sui quali sono disposti gli strumenti per il tatuaggio. Risuona uno sparo. Qualcuno cade. Lale guarda in direzione dello sparo, ma Pepan gli afferra la faccia e gli gira la testa dall'altra parte.

Un gruppo di SS, per lo più giovani, si dirige verso Pepan e Lale, scortando un ufficiale più anziano.

Intorno ai quarantacinque anni, con la schiena dritta nella sua uniforme immacolata, il cappello posato con precisione sulla testa: un manichino perfetto, pensa Lale, come quelli che ogni tanto aiutava a vestire nei grandi magazzini di Bratislava.

Le SS si fermano davanti a lui. Pepan fa un passo avanti, saluta l'ufficiale chinando il capo mentre Lale continua a guardarli.

«Oberscharführer Houstek, ho arruolato questo prigioniero per farmi dare una mano.» Pepan indica Lale in piedi dietro di lui.

Houstek si gira verso Lale.

«Credo che imparerà in fretta.»

Houstek, con sguardo gelido, fissa Lale e poi fa un cenno con un dito per farlo avvicinare. Lale obbedisce.

«Che lingue parli?»

«Slovacco, tedesco, russo, francese, ungherese e un po' di polacco», risponde Lale, guardandolo negli occhi.

«Uhm.» L'ufficiale si allontana.

Lale si china verso Pepan e sussurra: «Un uomo di poche parole. Devo dedurre che il lavoro è mio?».

Pepan si volta verso Lale, con gli occhi e la voce in fiamme. «Non sottovalutarlo. Togliti quell'aria spavalda o ne va della tua vita. La prossima volta che gli parli non alzare lo sguardo al di sopra dei suoi stivali.»

«Mi spiace», dice Lale. «Farò così.»

"Quand'è che imparerò?"

3.

giugno 1942

Lale si sta svegliando lentamente, aggrappato a un sogno che gli ha messo il sorriso sulle labbra. *Rimani, rimani, lasciami restare qui solo un momento di più, per favore...*

Lale ama conoscere gente di ogni genere, ma soprattutto gli piace conoscere donne. Crede che siano tutte belle a prescindere dall'età, da quello che fanno, da dove vivono. Il momento culminante della sua routine quotidiana è quando passa per il reparto donna dei grandi magazzini dove lavora. È allora che flirta con le commesse giovani e non più giovani che lavorano dietro i banconi.

Lale sente le porte dei grandi magazzini che si aprono. Alza lo sguardo e una donna corre dentro. Dietro di lei, sulla soglia, ci sono due soldati slovacchi, ma non la seguono all'interno. Lui si precipita verso di lei con un sorriso rassicurante. «È tutto a posto, è al sicuro con me», dice. Lei accetta la sua mano e lui la conduce verso una vetrinetta piena di boccette stravaganti di profumo. Dopo averne osservate parecchie, ne sceglie una e gliela porge. Lei gira il collo con aria giocosa. Lale spruzza delicatamente prima un lato del collo, poi l'altro. I loro sguardi s'incontrano quando lei volta la testa e protende entrambi i polsi, ognuno dei quali riceve il proprio premio. La donna porta il polso al naso, chiude gli occhi e annusa piano, dopodiché porge lo stesso polso a Lale. Stringendole dolcemente la mano, lui l'avvicina al viso e inala il miscuglio inebriante di profumo e giovinezza.

«Sì, è quello giusto per lei», le dice.

«Lo prendo.»

Lale porge la boccetta alla commessa lì vicino, che comincia a incartarla.
«C'è qualcos'altro che posso fare per lei?» chiede.
Davanti ai suoi occhi appaiono come lampi dei volti, giovani donne sorridenti danzano attorno a lui, felici, donne che vivono la vita fino in fondo. Lale stringe il braccio della giovane che ha incontrato nel reparto donna. Il suo sogno sembra precipitarsi in avanti. Lale e la donna entrano in un ristorante raffinato, illuminato dalla luce soffusa di piccole applique. Una candela tremolante su ogni tavolo tiene ferme pesanti tovaglie in jacquard. Gioielli costosi proiettano riflessi colorati sulle pareti. Il rumore delle posate d'argento a contatto con la porcellana pregiata è attutito dai suoni soavi del quartetto d'archi che si profila in un angolo. Il portiere lo saluta calorosamente prendendo la giacca della compagna di Lale e li guida a un tavolo. Quando si siedono, il maître gli mostra una bottiglia di vino. Senza distogliere lo sguardo dalla sua compagna, lui annuisce e la bottiglia viene stappata e il liquido versato. Prendono il bicchiere. Con lo sguardo ancora intrecciato, sollevano la mano e sorseggiano. Il sogno di Lale fa un altro balzo in avanti. È sul punto di svegliarsi. *No.* Ora sta rovistando nel suo guardaroba, sceglie un vestito, una camicia, esamina le cravatte e le scarta finché trova quella giusta e fa un nodo perfetto. S'infila ai piedi un paio di scarpe lucide. Dal comodino prende le chiavi e il portafoglio e se li mette in tasca prima di chinarsi e togliere una ciocca ribelle di capelli dal volto della compagna che dorme, dopodiché la bacia dolcemente sulla fronte. Lei si muove e sorride. Con voce roca dice: «Stasera...».

Degli spari provenienti dall'esterno catapultano Lale nello stato di veglia. I suoi compagni di pagliericcio, mentre cercano di capire da dove venga la minaccia, lo sballottano di qua e di là. Con il ricordo del corpo caldo di lei ancora presente, Lale si alza piano ed è l'ultimo a mettersi in fila per l'appello. Il prigioniero al suo fianco gli dà una gomitata quando non risponde alla chiamata del suo numero.
«Qualcosa non va?» gli sussurra.

«Niente... Tutto... questo posto.»
«È lo stesso di ieri. E sarà lo stesso domani. Me l'hai insegnato tu. Per te che cosa è cambiato?»
«Hai ragione... Lo stesso, lo stesso. È solo che, be', ho sognato una ragazza che conoscevo in passato, in un'altra vita.»
«Come si chiamava?»
«Non me lo ricordo, non importa.»
«Non eri innamorato di lei, allora?»
«Le amavo tutte, ma in qualche modo nessuna di loro ha mai catturato il mio cuore. Ha senso?»
«Non proprio. Io opterei per una ragazza da amare e con cui trascorrere il resto della mia vita.»

Piove da giorni, ma stamane il sole minaccia di far splendere un po' di luce sullo squallido campo di Birkenau mentre Lale e Pepan preparano la loro area di lavoro. Hanno due tavoli, boccette d'inchiostro, aghi in abbondanza.
«Stai pronto, Lale, ecco che arrivano.»
Lui alza lo sguardo ed è sbalordito alla vista di decine di giovani donne condotte verso di loro. Sapeva che c'erano delle ragazze ad Auschwitz, ma non qui, non a Birkenau, in questo inferno degli inferni.
«Qualcosa di un po' diverso oggi, Lale... Hanno trasferito delle ragazze da Auschwitz a qui e ad alcune di loro bisogna rifare i numeri.»
«Che cosa?»
«I loro numeri sono stati fatti con un timbro, così inefficace da essere inutile. Dobbiamo farli come si deve. Non c'è tempo per rimirarle, Lale. Fai il tuo lavoro e basta.»
«Non posso.»
«Fai il tuo lavoro, Lale. Non rivolgere la parola a nessuna di loro. Non fare stupidaggini.»
La fila di ragazze si snoda al di là della sua vista.
«Non ce la faccio. Pepan, ti prego, non possiamo farlo.»
«Sì che puoi, Lale. Devi. Se non lo fai tu, lo farà qualcun altro e sarà inutile che io ti abbia salvato. Fallo e basta, Lale.»
Pepan trattiene lo sguardo di Lale, nelle cui ossa, in profon-

dità, s'insedia il terrore. Pepan ha ragione: o rispetta le regole, o rischia la morte.

Lale inizia il «lavoro». Cerca di non alzare lo sguardo. Allunga la mano e prende il pezzo di carta che gli viene porto. Deve trasferire le quattro cifre sulla ragazza che lo stringe. C'è già un numero, ma si è sbiadito. Infila l'ago nel braccio sinistro e incide un 4, sforzandosi di agire con delicatezza. Dal braccio fuoriesce del sangue. L'ago, però, non è andato abbastanza a fondo e lui deve tracciare di nuovo il numero. Lei non batte ciglio al dolore che Lale sa di infliggerle. "Le hanno avvisate: non dite nulla, non fate nulla."

Lale asciuga il sangue e sfrega dell'inchiostro verde nella ferita.

«Sbrigati!» lo esorta Pepan a bassa voce.

Lale ci mette troppo tempo. Tatuare le braccia degli uomini è un conto, ma profanare il corpo delle ragazze gli fa orrore. Alzando gli occhi, vede un uomo in camice bianco che passa in rassegna le giovani in fila. Ogni tanto si ferma a ispezionare il viso e il corpo di una ragazza terrorizzata. Alla fine arriva da Lale. Mentre questi stringe con quanta più delicatezza possibile il braccio della ragazza, l'uomo ne afferra il viso con una mano e lo gira bruscamente da un lato e dall'altro. Lale solleva lo sguardo verso quegli occhi spaventati. Le labbra della giovane stanno per muoversi, pronte a parlare, ma lui le strizza forte il braccio per fermarla. Lei lo guarda e lui bisbiglia: «Sst». L'uomo in camice bianco lascia andare la faccia e si allontana.

«Brava», sussurra Lale prima di tatuare le tre cifre rimanenti: 5 6 2. Quando ha terminato, la trattiene per il braccio un attimo più del necessario e la guarda ancora negli occhi. Abbozza un sorriso timido e sforzato, al quale lei risponde con un sorriso ancora più timido. Tuttavia gli occhi di lei gli danzano davanti. Mentre li fissa, sembra che il suo cuore allo stesso tempo smetta di battere e ricominci per la prima volta, impetuoso, minacciando quasi di scoppiargli fuori dal petto. Lale abbassa lo sguardo verso il suolo che oscilla sotto i suoi piedi. Qualcuno gli allunga un altro pezzo di carta.

«Muoviti, Lale!» lo incalza Pepan.

Quando risolleva lo sguardo, lei non c'è più.

Parecchie settimane dopo Lale si presenta al lavoro come al solito. Il tavolo e gli attrezzi sono già pronti e lui si guarda attorno, cercando Pepan con ansia. Molti uomini si stanno dirigendo verso di lui. È spaventato dall'avvicinarsi dell'Oberscharführer Houstek, accompagnato da un giovane ufficiale delle SS. Lale china la testa e rammenta le parole di Pepan: «Non sottovalutarlo».

«Oggi lavori da solo», mormora Houstek.

Quando il militare si gira per andarsene, Lale chiede piano: «Dov'è Pepan?».

Houstek si ferma, si volta e gli lancia un'occhiataccia. Lale sente un tuffo al cuore.

«Adesso sei tu il *Tätowierer.*» Quindi Houstek si rivolge all'ufficiale delle SS. «E tu sei responsabile per lui.»

Appena Houstek si allontana, l'ufficiale si mette il fucile in spalla e lo punta verso Lale, che risponde al suo sguardo, fissando gli occhi neri di un ragazzino esile dal ghigno crudele.

Alla fine Lale abbassa gli occhi. "Pepan, hai detto che questo lavoro avrebbe potuto salvarmi la vita. Ma a te che cos'è successo?"

«A quanto pare, il mio destino è nelle tue mani», ringhia l'ufficiale. «Che cosa ne pensi?»

«Cercherò di non deluderla.»

«Cercherai? Farai di meglio. Non *devi* deludermi.»

«Sì, signore.»

«In che blocco sei?»

«Numero sette.»

«Quando hai finito ti mostro la tua stanza in una delle nuove baracche. D'ora in poi starai lì.»

«Sono soddisfatto della mia baracca, signore.»

«Non essere stupido. Hai bisogno di protezione ora che sei il *Tätowierer.* Adesso lavori per la Divisione Politica delle SS... merda, forse dovrei avere *io* paura di te.» Di nuovo quel sogghigno.

Dopo essere sopravvissuto a quella sfilza di domande, Lale tenta la fortuna.

«L'operazione andrebbe più spedita se avessi un assistente.»

L'ufficiale delle SS si avvicina di un passo a Lale, lo guarda con disprezzo dall'alto in basso.

«Che cosa?»

«Se lascia che qualcuno mi aiuti, l'operazione sarà più veloce e il suo capo sarà contento.»

Come se avesse ricevuto un ordine da Houstek, l'ufficiale si gira e scende lungo la fila di giovani che aspettano di ricevere il loro numero e tengono tutti la testa bassa, tranne uno. Lale teme per il ragazzo che fissa l'ufficiale ed è sorpreso quando quello lo trascina fuori per un braccio e lo conduce da Lale.

«Il tuo assistente. Fai il suo numero per primo.»

Lale prende il pezzo di carta che il giovane gli porge e gli tatua velocemente il braccio.

«Come ti chiami?»

«Leon.»

«Leon, io sono Lale, il *Tätowierer*», dice con voce ferma come quella di Pepan. «Adesso stai accanto a me e guarda quello che faccio. A partire da domani lavorerai per me come mio assistente. Potrebbe salvarti la vita.»

Il sole è ormai tramontato dopo che l'ultimo prigioniero è stato tatuato e cacciato nel suo nuovo alloggio. La guardia di Lale, il cui nome – ha scoperto – è Baretski, non si è mai allontanata più di qualche metro da lui. Si rivolge a Lale indicando con un cenno il suo nuovo assistente: «Portalo al tuo blocco e poi torna qui».

Lale accompagna precipitosamente Leon al Blocco 7.

«Aspetta fuori dalla tua baracca la mattina, vengo a prenderti io. Se il tuo kapò vuole sapere perché non vai con gli altri al cantiere, tu digli che adesso lavori per il *Tätowierer*.»

Quando Lale ritorna alla sua postazione di lavoro, i suoi attrezzi sono stati riposti in una borsa portadocumenti e il tavolino è stato ripiegato. Baretski è in piedi che lo aspetta.

«Porta tutto nella tua nuova stanza. Ogni mattina presentati all'edificio dell'amministrazione per fare rifornimento e ricevere istruzioni su dove lavorerai quel giorno.»

«Posso avere un tavolo e altri attrezzi per Leon?»

«Chi?»

«Il mio assistente.»

«Chiedi all'amministrazione quello che ti serve.»

Conduce Lale in una parte del campo ancora in costruzione. Molti degli edifici non sono finiti e una calma sinistra gli incute un certo timore. Una delle nuove baracche è completa e Baretski accompagna Lale in una stanza singola situata subito dietro la porta.

«Dormirai qui», annuncia. Lale posa gli strumenti sul pavimento duro e con lo sguardo abbraccia la piccola stanza isolata. Sente già la mancanza dei suoi amici del Blocco 7.

Quindi, seguendo Baretski, Lale scopre che ora consumerà i pasti in un'area di fianco all'amministrazione. Nel suo ruolo di tatuatore riceverà razioni extra. Mentre vanno a cena, l'ufficiale gli spiega: «Vogliamo che i nostri lavoratori siano in forze». Fa segno a Lale di prendere posto nella coda. «Approfittane più che puoi.»

Mentre Baretski si allontana, Lale riceve un mestolo di brodaglia annacquata e un tozzo di pane. Li trangugia svelto e fa per andarsene.

«Puoi averne ancora, se vuoi», gli dice una voce lamentosa.

Lale prende una seconda razione di pane, guardando i prigionieri attorno a lui che mangiano in silenzio senza scambiarsi amenità, ma solo sguardi in tralice. Qui la sfiducia e la paura sono palesi. Allontanandosi con il pane infilato nella manica, si dirige alla sua vecchia casa, il Blocco 7. Entrando fa un cenno con la testa al kapò, che sembra aver ricevuto il messaggio che Lale non è più sotto il suo comando. Quando è dentro, Lale risponde al saluto di molti degli uomini con cui ha condiviso la baracca, i timori e i sogni di un'altra vita. Quando arriva alla sua vecchia branda, trova Leon seduto con i piedi che dondolano oltre il bordo. Lale guarda il volto del giovane. I suoi grandi occhi azzurri hanno una dolcezza e un'onestà che trova accattivanti.

«Esci con me un momento.»

Leon salta giù dal letto e lo segue. Tutti gli occhi sono puntati su di loro. Svoltando dietro l'angolo della baracca Lale tira fuori dalla manica il pezzo di pane raffermo e lo offre a Leon, che lo divora. Solo quando ha finito lo ringrazia.

«So che avresti saltato la cena. Adesso mi danno delle razioni supplementari. Cercherò di condividerle con te e con gli altri quando potrò. Ora torna dentro. Di' che ti ho portato fuori per sgridarti. E tieni la testa bassa. Ci vediamo domattina.»

«Non vuoi che sappiano che puoi avere delle razioni supplementari?»

«No, lasciami capire come procedono le cose. Non posso aiutarli tutti insieme e non hanno bisogno di un altro motivo per litigare.»

Lale osserva Leon rientrare nel suo vecchio blocco con un miscuglio di sentimenti che fatica a riconoscere. "Devo avere paura adesso che sono un privilegiato? Perché mi sento triste per aver lasciato la mia vecchia posizione nel campo, anche se non mi garantiva alcuna protezione?" S'infila nelle ombre degli edifici in costruzione. È solo.

Quella notte Lale dorme allungato sul suo giaciglio per la prima volta da mesi. Nessuno che scalcia, nessuno che spinge. Si sente come un re nel lusso del suo letto. E proprio come un re ora deve guardarsi dai motivi per cui gli altri vorranno essergli amico o entrare in confidenza con lui. "Sono gelosi? Vogliono il mio lavoro? Corro il rischio di essere accusato ingiustamente di qualcosa?" Ha visto le conseguenze dell'avidità e della diffidenza tra gli uomini. La maggior parte della gente crede che se ci saranno meno bocche da sfamare girerà più cibo. Il cibo è moneta, ti fa restare in vita. Hai la forza di fare ciò che ti si chiede. Riesci a vivere un giorno in più. La sua nuova posizione rende più complessa la sopravvivenza. Uscendo dal suo blocco e passando davanti ai paglierìcci di quegli uomini malconci, è sicuro di avere sentito qualcuno mormorare la parola «collaborazionista».

La mattina seguente Lale è in attesa con Leon fuori dall'edificio dell'amministrazione quando Baretski arriva e si congratula con lui per la sua puntualità. Lale stringe la sua borsa e il tavolo è posato per terra al suo fianco. Baretski dice a Leon di restare dov'è e a Lale di seguirlo dentro. Lale si guarda attorno nell'enorme atrio. Vede una serie di corridoi che si dipartono in varie direzioni, verso quelli che sembrano uffici contigui. Dietro il grande banco della reception ci sono parecchie file di piccole scrivanie con numerose ragazze che lavorano con zelo: archiviano, trascrivono. Baretski presenta Lale a un ufficiale delle SS – «Lui è il *Tätowierer*» – e gli ripete di prendere le scorte e farsi dare istruzioni lì ogni mattina. Lale chiede un tavolo e degli strumenti in più, poiché ha un assistente che lo attende fuori. La sua richiesta viene esaudita senza commenti e lui emette un sospiro di sollievo. Se non altro, ha salvato un uomo dal duro lavoro fisico. Pensa a Pepan e lo ringrazia in silenzio. Prende il tavolo e infila gli strumenti supplementari nella borsa. Quando Lale si gira per andarsene, l'impiegato dell'amministrazione lo richiama.

«Porta sempre quella borsa con te, identificati con le parole *Politische Abteilung* e nessuno ti disturberà. Rendici il foglio numerato ogni sera, ma tieni la borsa.»

Baretski sbuffa di fianco a Lale. «È vero, con quella borsa e quelle parole sarai al sicuro, tranne che da me, ovviamente. Combina qualche casino e mettimi nei guai, e non ci saranno né borsa né parole a salvarti.» La sua mano va alla pistola, si posa sulla fondina e fa scattare il gancio. Chiuso. Aperto. Chiuso. Il suo respiro si fa più profondo.

Lale fa la cosa giusta: abbassa gli occhi e si gira dall'altra parte.

I convogli arrivano ad Auschwitz-Birkenau a ogni ora del giorno e della notte. Non è insolito, per Lale e Leon, lavorare ventiquattr'ore su ventiquattro. In quei giorni Baretski mostra il suo lato più sgradevole. Urla insulti a Leon oppure lo picchia, dando a lui la colpa del fatto che, a causa della lentezza del giovane, lui non può andare a letto. Lale impara in fretta che i maltrattamenti peggiorano se tenta di impedirli.

Una volta, ad Auschwitz, terminano il lavoro nelle ore piccole della notte e Baretski si gira per andarsene prima che

Lale e Leon abbiano riposto tutto, dopodiché si volta ancora, con un'espressione indecisa in volto.

«Ah, vaffanculo, potete tornare a Birkenau da soli. Io dormo qui stanotte. Ripresentatevi alle otto domattina.»

«Come facciamo a sapere che ore sono?» chiede Lale.

«Non me ne frega un cazzo di come fate, dovete essere qui e basta. E che non vi venga in mente di scappare. Vi darò la caccia, e sarà un piacere uccidervi.» Se ne va barcollando.

«Che cosa facciamo?» chiede Leon.

«Quello che ci ha detto lo stronzo. Dai, ti sveglierò in tempo per tornare qui.»

«Sono così stanco. Possiamo restare qui?»

«No, se domattina non ti vedono nella tua baracca si metteranno a cercarti. Dai, incamminiamoci.»

Lale si alza allo spuntare del sole e con Leon si fa i tre chilometri di scarpinata per tornare ad Auschwitz. Aspettano forse un'ora che Baretski si faccia vivo. È ovvio che non è andato dritto a letto, ma è rimasto sveglio a bere. Quando gli puzza l'alito il suo umore è peggiore.

«Datevi una mossa», bercia.

Non essendoci nuovi prigionieri in vista, Lale deve chiedergli, con riluttanza: «Per dove?».

«Si torna a Birkenau. I trasporti hanno scaricato là l'ultimo branco.»

Mentre il trio percorre i tre chilometri che portano a Birkenau, Leon inciampa – la stanchezza e la mancanza di cibo hanno la meglio su di lui –, ma riesce a rialzarsi. Baretski rallenta il passo e sembra che aspetti che Leon li raggiunga. Ma non appena questi arriva, il militare allunga una gamba e lo fa cadere di nuovo. Durante il tragitto ripete lo stesso giochino parecchie volte. La camminata e il piacere derivato dagli sgambetti a Leon sembrano fargli passare la sbornia. Ogni volta guarda Lale per vedere come reagisce, ma non ottiene nulla.

Quando arrivano a Birkenau, Lale si sorprende nel vedere Houstek che sovrintende alla selezione di chi verrà mandato da Lale e Leon per vivere un altro giorno. I due cominciano a lavorare mentre Baretski passa in rassegna i giovani uomini in fila e cerca di apparire competente agli occhi del suo superiore. Il gemito di un ragazzo quando Leon inizia a marchiargli il braccio fa sussultare il tatuatore esausto, che lascia cadere l'ago. Mentre si china per raccoglierlo, Baretski lo percuote sulla schiena con il fucile e lo fa atterrare a faccia in giù nel fango, poi gli mette un piede sopra e lo schiaccia.

«Possiamo finire più velocemente se lascia che si alzi e continui a lavorare», dice Lale, guardando Leon che ansima col fiato corto sotto lo stivale di Baretski.

Houstek piomba sui tre uomini e mormora qualcosa a Baretski, dopodiché scompare e l'ufficiale, con un sorriso ostile, spinge più a fondo e con più durezza il piede sul corpo di Leon prima di lasciarlo andare.

«Sono solo un umile servitore delle SS. Tu, *Tätowierer*, sei stato posto sotto la protezione della Divisione Politica, che risponde soltanto a Berlino. È stato il tuo giorno fortunato quando il francese ti ha presentato a Houstek e gli ha detto quanto sei intelligente, con tutte le lingue che parli.»

Non c'è una risposta giusta a quest'affermazione, così Lale si getta a capofitto nel lavoro. Leon, sporco di fango, si alza e tossisce.

«Allora, *Tätowierer*», riprende Baretski, di nuovo col suo sorriso morboso, «che ne dici se diventiamo amici?»

Un vantaggio dell'essere tatuatore è che Lale conosce la data. È scritta sui documenti che gli danno ogni mattina e che lui restituisce ogni sera. Ma non sono solo i documenti a dirglielo. La domenica è l'unico giorno della settimana in cui gli altri prigionieri non sono costretti a lavorare e possono trascorrere il tempo bighellonando nel campo o rimanendo nei pressi delle loro baracche, raccolti in piccoli gruppi: amicizie portate nel campo, amicizie strette nel campo.

È una domenica quando la vede. La riconosce subito. Camminano l'uno verso l'altra, Lale da solo, lei con un gruppo di ragazze, tutte con la testa rasata e tutte con addosso gli stessi vestiti ordinari. Non c'è nulla che la differenzi, tranne quegli occhi. Neri – no, marrone. Il marrone più scuro che abbia mai visto. Per la seconda volta si scrutano reciprocamente nell'anima. Lale ha un tuffo al cuore e lo sguardo indugia.

«*Tätowierer!*» Baretski gli mette una mano sulla spalla, spezzando l'incantesimo.

Le donne si scostano, perché non vogliono restare vicino a un ufficiale delle SS o al prigioniero con cui sta parlando. Il gruppo di ragazze si disperde, lasciandola a guardare Lale, che a sua volta fissa lei. Gli occhi di Baretski si muovono dall'uno all'altra mentre tutti e tre formano un triangolo perfetto, ognuno in attesa che l'altro si sposti. Baretski sorride sornione. Una delle amiche della ragazza, coraggiosamente, si fa avanti e la tira indietro nel gruppo.

«Molto carina», commenta Baretski mentre si allontana con Lale. Lui lo ignora e si sforza di controllare l'odio che prova.

«Ti piacerebbe incontrarla?»

Lale si rifiuta nuovamente di rispondere.

«Scrivile, dille che ti piace.»

"Pensa che io sia così stupido?"

«Ti procuro la carta e una matita e le consegno la tua lettera. Che ne dici? Sai come si chiama?»

"4562."

Lale continua a camminare. Sa che la punizione per i prigionieri trovati con una penna o della carta è la morte.

«Dove andiamo?» Lale cambia argomento.

«Ad Auschwitz. *Herr Doktor* ha bisogno di altri pazienti.»

Lale è attraversato da un brivido di gelo. Rammenta l'uomo in camice bianco, le sue mani pelose sulla faccia di quella bella ragazza. Lale non si era mai sentito così a disagio con un medico come quel giorno.

«Ma è domenica.»

Baretski ride. «Ah, siccome di domenica gli altri non lavorano, pensi che sia anche il tuo giorno di riposo? Vuoi discuterne con *Herr Doktor*?» La risata di Baretski si fa stridula, facendo correre altri brividi lungo la spina dorsale di Lale. «Ti prego, fallo per me, *Tätowierer.* Di' a *Herr Doktor* che è il tuo giorno libero. Mi piacerebbe un sacco.»

Lale sa quando stare zitto. Allunga il passo e mette un po' di distanza tra sé e Baretski.

4.

Mentre camminano verso Auschwitz, Baretski sembra di umore gioviale e bersaglia Lale di domande: «Quanti anni hai? Che cosa facevi prima che ti portassero qui?». In gran parte dei casi Lale risponde a sua volta con una domanda e scopre che a Baretski piace parlare di sé. Viene a sapere che ha solo un anno meno di lui, ma le somiglianze finiscono lì. L'ufficiale parla delle donne come un adolescente. Lale decide che può sfruttare questa differenza a suo vantaggio e comincia a raccontargli le sue tecniche vincenti con le ragazze, di come sia importante rispettarle e sapere che cosa le interessi.

«Ha mai regalato dei fiori a una ragazza?» chiede Lale.

«No, perché dovrei farlo?»

«Perché a loro piacciono gli uomini che regalano fiori. Meglio ancora se raccolti di persona.»

«Be', non intendo certo farmi ridere dietro.»

«Da chi?»

«Dai miei amici.»

«Vuol dire gli altri uomini?»

«Be', sì, penserebbero che sono una femminuccia.»

«E cosa crede che penserebbe la ragazza che riceve i fiori?»

«Che cosa importa quel che pensa lei?» Comincia a sogghignare e a palparsi l'inguine. «Da loro voglio solo questo, e loro lo vogliono da me. So queste cose.»

Lale va avanti e Baretski lo raggiunge.

«Che c'è? Ho detto qualcosa di sbagliato?»

«Vuole davvero che le risponda?»

«Sì.»

Lale va all'attacco. «Ha una sorella?»

«Sì», dice Baretski. «Due.»

«Lei tratta le ragazze come vuole che gli uomini trattino le sue sorelle?»

«Se qualcuno fa una cosa del genere alla mia sorellina, lo ammazzo.» Baretski estrae la pistola dalla fondina e spara parecchi colpi in aria, poi ripete: «Lo ammazzo».

Lale fa un balzo all'indietro. Gli spari riecheggiano tutt'intorno. Baretski ansima, paonazzo in volto, gli occhi rabbuiati.

Lale alza le mani. «Capito. Qualcosa su cui riflettere.»

«Non voglio parlarne più.»

Lale scopre che Baretski non è tedesco, ma è nato in Romania, in una cittadina ai confini con la Slovacchia, a poche centinaia di chilometri da Krompachy, la sua città natale. È fuggito di casa per andare a Berlino, è entrato nella Gioventù Hitleriana e poi nelle SS. Odia suo padre, che picchiava brutalmente lui, i suoi fratelli e le sue sorelle. È preoccupato per le sorelle – una maggiore e una minore – che vivono ancora a casa.

Più tardi quella sera, mentre stanno tornando a Birkenau, Lale dice tranquillamente: «Se non le spiace, accetto la sua offerta di carta e matita. Il suo numero è il 4562».

Dopo cena sgattaiola silenziosamente nel Blocco 7. Il kapò lo adocchia, ma non gli dice nulla.

Lale condivide le sue razioni supplementari della sera, solo qualche crosta di pane, con i suoi amici della baracca. Gli uomini parlano e si scambiano le novità. Come al solito, i più religiosi lo invitano a partecipare alla preghiera serale. Lui declina cortesemente e il suo rifiuto è cortesemente accolto. Questa è la routine abituale.

Solo nella sua stanza singola, Lale si sveglia e vede Baretski in piedi davanti a lui. Non bussa prima di entrare, non l'ha mai fatto, ma in questa visita c'è qualcosa di diverso.

«È nel Blocco 29.» Porge a Lale una matita e della carta. «Ecco qui, scrivile e farò in modo di farle avere il tuo messaggio.»

«Sa il suo nome?»

Lo sguardo di Baretski contiene già la risposta. "Che cosa credi?"

«Torno tra un'ora e glielo porto.»

«Facciamo due.»

Lale si tormenta sulle prime parole da scrivere alla prigioniera 4562. "Come iniziare? Come rivolgermi a lei?" Alla fine sceglie la semplicità: «Ciao, il mio nome è Lale». Quando Baretski ritorna, gli dà il foglio sul quale ha scritto solo qualche frase. Le ha detto che è di Krompachy, in Slovacchia, e quanti anni ha. Le ha descritto la composizione della sua famiglia, che confida stia bene. Le chiede di trovarsi vicino all'edificio dell'amministrazione la domenica mattina seguente. Le spiega che cercherà di esserci anche lui e che se non ci sarà è per via del suo lavoro, che non è regolato come quello degli altri.

Baretski prende la lettera e la legge davanti a Lale.

«Tutto qui quello che hai da dire?»

«Il resto glielo dirò di persona.»

Baretski si siede sul letto di Lale e comincia a vantarsi di quello che direbbe lui, di quello che gli piacerebbe fare se fosse nella situazione di Lale, cioè non sapendo se sarà vivo alla fine della settimana. Lale lo ringrazia per il suggerimento, ma preferisce sfidare la sorte.

«Bene, consegnerò questa cosiddetta *lettera* a lei e le darò carta e penna per risponderti. Le dirò che andrò domattina a prendere la sua risposta, concedendole tutta la notte per pensare se tu le piaci o no.»

Uscendo dalla stanza lo guarda con una smorfia.

"Che cosa ho combinato?" Ha messo in pericolo la prigioniera 4562. Lui è protetto, lei no. Eppure vuole assumersi il rischio, ne ha bisogno.

Il giorno dopo Lale e Leon lavorano fino a sera inoltrata. Baretski pattuglia in continuazione non lontano da loro, spesso esercitando la propria autorità sugli uomini in fila e usando il fucile come un manganello quando non gli piace l'aspetto di qualcuno. In faccia ha sempre la sua smorfia infida. Prova un piacere evidente nell'incedere su e giù lungo le file di uomini. Solo quando Lale e Leon ripongono i loro attrezzi, lui tira fuori un pezzo di carta dalla giacca e lo porge a Lale.

«Ah, *Tätowierer*, non dice granché. Mi sa che è meglio che tu ti scelga un'altra fidanzata.»

Quando Lale allunga il braccio per prendere il biglietto, Baretski si diverte a ritrarre la mano. "Va bene, se vuoi giocare..." Si gira e se ne va. L'ufficiale lo rincorre e gli dà il biglietto. Un breve cenno del capo è l'unico ringraziamento che Lale è disposto a concedergli. Dopo avere infilato il biglietto nella borsa, va a prendere il pasto serale e guarda Leon che torna al suo blocco, sapendo che probabilmente lui non ha potuto mangiare.

Quando Lale arriva, il cibo rimasto è poco. Dopo aver mangiato, nasconde parecchi pezzi di pane nella manica, maledicendo il fatto che adesso la sua uniforme russa è stata sostituita da una specie di pigiama senza tasche. Al suo ingresso nel Blocco 7 è accolto dal solito coro sommesso di saluti. Spiega di avere abbastanza cibo extra per Leon e forse per due altri, promettendo che il giorno dopo cercherà di procurarsene di più. Accorcia la visita e torna di fretta alla sua stanza. Ha bisogno di leggere le parole sepolte tra i suoi attrezzi.

Si butta sul letto e stringe il biglietto al petto, immaginandosi la prigioniera 4562 mentre scrive le parole che è tanto ansioso di leggere. Finalmente lo apre.

«Caro Lale...» Come lui, la donna ha scritto solo qualche cauta riga. Anche lei è slovacca ed è arrivata ad Auschwitz una decina di giorni prima di Lale. Lavora in uno dei depositi del «Canada», dove i prigionieri smistano gli averi delle altre vittime. Domenica sarà nel campo e lo cercherà. Lale rilegge il biglietto e gira e rigira il foglio innumerevoli volte. Vorrebbe disperatamente sapere... "il tuo nome, qual è il tuo nome?"

La mattina seguente Baretski scorta Lale ad Auschwitz, da solo. Il nuovo trasporto è piccolo e per un giorno Leon può riposarsi. Baretski comincia a prendere in giro Lale per il biglietto, insinuando che forse ha perso il suo tocco con le signore. Lale ignora le sue canzonature e gli chiede se ha letto qualche bel libro di recente.

«Libro? Io non leggo libri», mormora Baretski.
«Dovrebbe.»
«Perché? A cosa servono i libri?»
«Si possono imparare un sacco di cose, e alle ragazze piace se si citano delle frasi o si recitano delle poesie.»
«Non ho bisogno di citare dai libri. Ho questa uniforme, non mi serve altro per avere delle ragazze. Amano l'uniforme. Ho una fidanzata, sai», si vanta Baretski.
A Lale questa giunge nuova.
«Che bello, e a lei piace la sua uniforme?»
«Certo che sì. La indossa e marcia facendo il saluto. Si crede Hitler, cazzo.» Con un ghigno la imita, incedendo impettito e col braccio alzato: «Heil Hitler! Heil Hitler!».
«Solo perché le piace la sua uniforme non significa che le piaccia anche lei», sbotta Lale.
Baretski si ferma sui suoi passi.
Lale si maledice per il commento avventato. Rallenta il passo, riflettendo se tornare indietro e scusarsi. No, continuerà a camminare e vedrà che cosa succede. Chiude gli occhi e mette un piede davanti all'altro, un passo alla volta, aspetta, in attesa di udire lo sparo. Sente il rumore di qualcuno che corre dietro di lui, poi un braccio che gli strattona la manica. «È così che la pensi, *Tätowierer*? Che io le piaccio solo per la mia uniforme?»
Lale, sollevato, si volta e lo guarda. «Come faccio a sapere che cosa le piace? Perché non mi dice qualcos'altro di lei?»
Non vorrebbe sostenere neanche in parte questa conversazione ma, avendo scansato un proiettile, sente di non avere scelta. È chiaro che Baretski sa poco o niente della sua «fidanzata», soprattutto perché non le ha mai chiesto niente di lei. Questo è troppo e Lale non riesce a ignorarlo e, prima ancora di rendersene conto, comincia a dare all'ufficiale altri consigli su come trattare le donne. Nella sua testa Lale si dice di stare zitto. Che cosa gliene importa di quel mostro al suo fianco o se sarà mai capace di trattare una ragazza con rispetto? In realtà spera che Baretski non sopravviva a quel luogo, così da non stare mai più con una donna.

5.

La domenica mattina è arrivata. Lale salta giù dal letto e corre fuori. Il sole è appena spuntato. "Dove sono tutti? Dove sono gli uccelli? Perché non cantano?"

«È domenica!» urla, a nessuno in particolare. Ruotando su sé stesso, nota i fucili puntati su di lui dalle torrette di guardia vicine.

«Oh, merda.» Rientra in fretta e furia nella sua baracca mentre gli spari trafiggono l'alba silenziosa. Sembra che la guardia abbia deciso di spaventarlo. Lale sa che questo è il giorno in cui i prigionieri dormono fino a tardi o, per lo meno, non escono dalle loro baracche finché i morsi della fame non li spingono verso il caffè nero e l'unico pezzo di pane raffermo. La guardia spara un'altra scarica verso l'edificio, tanto per divertirsi.

Tornato nella sua stanzetta, Lale cammina avanti e indietro, provando le prime parole che le dirà. Tenta con «Sei la ragazza più bella che abbia mai visto», ma la scarta subito. È abbastanza sicuro che, con la testa rasata e i vestiti indossati in passato da qualcuno molto più grande, lei non si senta bella. Eppure non vuole escluderla del tutto. Però forse la cosa migliore è la semplicità – «Come ti chiami?» – e vedere dove lo porta.

Lale si costringe a restare dentro fino a che non sente i rumori, ormai familiari, del campo che si risveglia. Prima la sirena che trafigge il sonno dei prigionieri, poi le SS che, in preda ai postumi della sbronza, insonnoliti e irritabili, abbaiano ordini. I recipienti della colazione producono un rumore metallico a mano a mano che passano da un blocco all'altro e i portatori gemono via via che diventano più deboli col passare del giorno e i contenitori più pesanti col passare dei minuti.

Lale va verso l'area colazione e si unisce agli altri uomini che hanno diritto a razioni supplementari. Ci sono i soliti cenni con la testa, gli sguardi che si alzano, i rari brevi sorrisi. Nessuno si scambia una parola. Lui mangia metà del suo pane e s'infila nella manica quello che avanza, creando un polsino per evitare che cada fuori. Se potrà, lo offrirà a lei. Se no, sarà di Leon.

Osserva quelli che non lavorano confondersi con gli amici degli altri blocchi e dirigersi sui lati degli edifici per sedersi a gruppetti e godersi il sole estivo finché dura. L'autunno è dietro l'angolo. Lale si incammina verso il campo per iniziare la sua ricerca e in quel momento si accorge di non avere la borsa con sé. "La mia ancora di salvezza." Non esce mai dalla sua stanza senza portarsela dietro, eppure stamattina l'ha fatto. "Dove ho la testa?" Torna di corsa al suo blocco e ricompare, il portamento eretto, la borsa in mano: un uomo in missione.

Per quello che sembra un tempo lunghissimo Lale cammina tra gli altri prigionieri, chiacchierando con quelli che conosce del Blocco 7. Nel frattempo i suoi occhi cercano tra i gruppi di ragazze. Sta parlando con Leon quando i peli gli si rizzano sul collo, la sensazione di solletico di chi si sente osservato. Si gira e lei è là.

Sta chiacchierando con altre tre ragazze. Quando si accorge che lui l'ha vista, si ferma. Lale va verso le ragazze, che fanno un passo indietro frapponendo una breve distanza tra loro e lo sconosciuto: sanno di Lale. Lei resta lì in piedi da sola.

Lui si avvicina alla ragazza, attratto ancora dai suoi occhi. Le tre amiche ridacchiano sommessamente in sottofondo. Lei sorride. Un sorriso timido, esitante. Lale rimane quasi senza parole, ma si fa coraggio. Le porge il pane e la lettera, in cui, incapace di trattenersi, le dice che non riesce a smettere di pensare a lei.

«Come ti chiami?» le chiede. «Ho bisogno di sapere il tuo nome.»

Dietro di lui qualcuno dice: «Gita».

Prima che lui possa fare o dire qualcos'altro, le amiche di Gita si precipitano da lei e la trascinano via, sussurrando delle domande mentre se ne vanno.

Quella notte Lale, disteso a letto, continua a ripetere il suo nome. «Gita. Gita. Che bel nome.»

Nel Blocco 29 del settore femminile Gita si raggomitola con le sue amiche Dana e Ivana. Da una piccola crepa nel muro di legno filtra un raggio di luce e Gita si sforza di leggere la lettera di Lale.

«Quante volte pensi di leggerla ancora?» le chiede Dana.

«Oh, non lo so, finché non avrò imparato a memoria ogni parola», risponde Gita.

«E quando succederà?»

«Circa due ore fa», ridacchia Gita. Dana abbraccia forte la sua amica.

La mattina dopo Gita e Dana sono le ultime a lasciare la baracca. Escono tenendosi a braccetto, dimentiche di ciò che le circonda. Senza preavviso, l'ufficiale delle SS fuori dal loro blocco colpisce Gita sulla schiena con il suo fucile. Dana è ancora abbracciata a lei ed entrambe crollano a terra. Gita urla dal dolore. Lui fa loro cenno col fucile di alzarsi. Le due ragazze si mettono in piedi, gli occhi bassi. Il militare le guarda con disgusto e ringhia: «Toglietevi quel sorriso dalla faccia». Estrae la pistola dalla fondina e la preme forte contro la tempia di Gita. A un altro ufficiale ordina: «Niente cibo per queste due oggi».

Quando se ne va, la loro kapò si fa avanti e le schiaffeggia entrambe sulla faccia. «Non dimenticate dove siete.» Quindi si allontana e Gita appoggia la testa sulla spalla di Dana.

«Ti ho detto che Lale mi parlerà domenica prossima, no?»

Domenica. I prigionieri gironzolano nel campo a piccoli gruppi o singolarmente. Alcuni siedono a terra a ridosso degli edifici, troppo stanchi e deboli per muoversi. Un manipolo di SS vagabonda chiacchierando e fumando e ignora i prigionieri. Gita e le sue amiche passeggiano con espressione vacua. Tutte parlano sommessamente tranne Gita, che si guarda attorno.

Lale osserva Gita e le sue amiche e sorride per l'espressione preoccupata della ragazza. Ogni volta che lo sguardo di lei sta per posarsi su di lui, lui si nasconde dietro gli altri prigionieri. Lentamente si dirige verso di lei. Dana lo vede per prima e sta per dire qualcosa quando Lale si porta un dito alle labbra. Senza interrompere il passo stende la mano e afferra quella di Gita, continuando a camminare. Le sue amiche ridacchiano e si stringono l'una all'altra mentre Lale conduce silenziosamente Gita sul retro dell'edificio dell'amministrazione, controllando che sulla torretta lì vicino la sentinella sia rilassata e non guardi nella loro direzione.

Con la schiena striscia lungo il muro dell'edificio, trascinando Gita con sé. Da lì vedono la foresta oltre la recinzione perimetrale. Gita abbassa gli occhi al suolo mentre Lale la fissa intensamente.

«Ciao», dice lui esitante.

«Ciao», risponde lei.

«Spero di non averti spaventata.»

«Siamo al sicuro?» Lei lancia un'occhiata alla torretta di guardia lì accanto.

«No, probabilmente no, ma non posso continuare a guardarti e basta. Ho bisogno di stare con te e di parlare con te come fanno le persone normali.»

«Ma non siamo al sicuro...»

«Non saremo mai al sicuro. Parlami, voglio sentire la tua voce. Voglio sapere tutto di te. L'unica cosa che so è il tuo nome. Gita. È bello.»

«Che cosa vuoi che ti dica?»

Lale si sforza di trovare la domanda giusta e sceglie qualcosa di banale. «Che ne dici di... Com'è andata la tua giornata?»

Ora lei solleva la testa e lo guarda fisso negli occhi. «Oh, lo sai com'è. Mi sono svegliata, ho fatto una colazione abbondante, ho baciato mamma e papà prima di prendere l'autobus per andare al lavoro. Il lavoro è stato...»

«D'accordo, d'accordo... Mi dispiace, era una domanda idiota.»

Restano seduti fianco a fianco, ma senza guardarsi. Lale ascolta il respiro di Gita. Con un pollice lei si picchietta una coscia, infine dice: «Allora, come sta andando la tua giornata?».

«Oh, sai com'è, mi sono svegliato, ho fatto una colazione abbondante...»

Si guardano e ridono piano. Gita dà una gomitata leggera a Lale. Per un istante le loro mani si toccano accidentalmente.

«Be', se non possiamo parlare della nostra giornata, dimmi qualcosa di te», insiste Lale.

«Non c'è niente da raccontare.»

Lui è colto di sorpresa. «Ma certo che c'è. Qual è il tuo cognome?»

Lei fissa Lale e scrolla la testa. «Sono soltanto un numero, dovresti saperlo. Me l'hai dato tu.»

«Sì, ma solo qui dentro. Chi sei fuori di qui?»

«"Fuori" non esiste più. C'è solo "qui".»

Lale si alza e la fissa. «Io mi chiamo Ludwig Eisenberg, ma la gente mi chiama Lale. Vengo da Krompachy, in Slovacchia. Ho una madre, un padre, un fratello e una sorella.» Fa una pausa. «Adesso tocca a te.»

Gita sostiene lo sguardo di lui con aria di sfida. «Io sono la prigioniera 4562 di Birkenau, in Polonia.»

La conversazione sfuma in un silenzio impacciato. Lui la guarda, guarda i suoi occhi bassi. Lei sta combattendo con i suoi pensieri: che cosa dire, che cosa non dire.

Lale torna a sedersi, davanti a lei stavolta. Protende la mano, come per prendere quella di lei, ma poi la ritira. «Non voglio turbarti, ma mi prometti una cosa?»

«Che cosa?»

«Prima che usciamo di qui mi dirai chi sei e da dove vieni.»

Lei lo guarda negli occhi. «Sì, te lo prometto.»

«Per ora mi accontento di questo. Allora, ti hanno messo a lavorare nel Canada?»

Gita annuisce.

«Si sta bene?»

«Non si sta male, ma i tedeschi si limitano a buttare lì alla rinfusa gli oggetti dei prigionieri. Alimenti andati a male mischiati con i vestiti. E la muffa... Odio toccarla, puzza.»

«Sono felice che tu non sia fuori. Ho parlato con alcuni uomini che conoscono delle ragazze del loro villaggio che lavorano nel Canada. Mi dicono che spesso trovano gioielli e soldi.»

«L'ho sentito anch'io. Io invece trovo solo pane ammuffito, a quanto pare.»

«Stai attenta, ti prego. Non fare sciocchezze e tieni sempre d'occhio le SS.»

«Ho imparato bene la lezione, fidati.»

Una sirena suona.

«È meglio che torni nella tua baracca. La prossima volta ti porto qualcosa da mangiare», dice Lale.

«Hai del cibo?»

«Posso averne di più. Te lo porto, ci vediamo domenica prossima.»

Lale si alza in piedi e porge la mano a Gita, che la prende. La solleva, stringendole la mano un attimo più a lungo di quanto dovrebbe. Non riesce a staccarle gli occhi di dosso.

«Meglio che andiamo.» Lei interrompe il contatto visivo, ma mantiene l'incantesimo su di lui con un sorriso che gli fa cedere le ginocchia.

6.

Sono passate settimane intere, gli alberi che circondano il campo hanno perso le foglie e le giornate si sono fatte più brevi con l'avanzare dell'inverno. "Chi è questa gente?" Lale si fa questa domanda da quando è arrivato a Birkenau. Riguarda i gruppi di uomini che lavorano nei cantieri edili e che compaiono ogni giorno in abiti civili, e non si vedono più dopo che hanno posato gli attrezzi. Con passo saltellante, dopo aver trascorso un po' di tempo con Gita, Lale può sicuramente parlare a un paio di loro senza che le SS si agitino e gli sparino. Inoltre ha il suo scudo a forma di borsa.

Cammina con noncuranza verso uno dei nuovi edifici in costruzione. Non sembrano blocchi destinati ad alloggiare uomini e donne, ma a Lale oggi non interessa il loro uso. Avvicina due uomini, uno più vecchio dell'altro, entrambi indaffarati a posare mattoni. Si accuccia vicino un mucchio di mattoni che attendono di essere posati. I due muratori lo guardano con interesse, rallentando il proprio ritmo di lavoro. Lale raccoglie un mattone e finge di studiarlo.

«Non capisco», dice piano.

«Che cos'è che non capisci?» chiede l'uomo più vecchio.

«Sono ebreo. Mi hanno marchiato con una stella gialla. Attorno a me vedo prigionieri politici, assassini e fannulloni che non lavorano. E poi voi... voi non portate nessun marchio.»

«Non sono fatti tuoi, ebreo», ribatte quello più giovane, che a sua volta è a malapena un ragazzo.

«Volevo solo essere gentile. Sapete com'è, mi guardavo attorno e tu e i tuoi amici mi avete incuriosito. Io mi chiamo Lale.»

«Sparisci!» sbotta il giovane.

«Siediti, ragazzo. Non badare a lui», dice a Lale l'uomo più vecchio, la voce roca per le troppe sigarette. «Io mi chiamo Victor. Questa boccaccia è di mio figlio Yuri.» Victor gli tende la mano e Lale la stringe. Poi Lale porge la sua a Yuri, che però la ignora.

«Abitiamo nei dintorni», spiega Victor. «E veniamo qui ogni giorno a lavorare.»

«No, ma fatemi capire bene. Venite qui ogni giorno di vostra spontanea volontà. Voglio dire, siete pagati per essere qui?»

Yuri alza d'un tratto la voce. «Esatto, ebreo, ci pagano e andiamo a casa ogni giorno. Voialtri...»

«Ti ho detto di stare zitto, Yuri. Non vedi che il ragazzo vuole solo essere gentile?»

«Grazie, Victor. Non sono qui per crearvi problemi. Come ho detto, mi stavo solo guardando attorno.»

«A cosa serve la borsa?» chiede Yuri, ferito per essere stato rimbrottato davanti a Lale.

«Sono i miei attrezzi, gli strumenti per tatuare i numeri sui prigionieri. Sono il *Tätowierer.*»

«Lavoro impegnativo», ironizza Victor.

«Certi giorni sì. Non so mai quando arrivano i trasporti e quante persone ci saranno.»

«Ho sentito che il peggio deve ancora venire.»

«Che cosa intendi?»

«Questo edificio. Ho visto i progetti. Non ti piacerà quello che verrà fuori.»

«Sicuramente non può essere peggio di quello che sta già accadendo, no?»

Ora Lale è in piedi e si fa forza appoggiandosi al mucchio di mattoni.

«Si chiama Crematorio Uno», dice Victor con calma, poi distoglie lo sguardo.

«Crematorio Uno. C'è la possibilità di un numero due?»

«Mi spiace. Te l'ho detto che non ti sarebbe piaciuto.»

Lale dà un pugno all'ultimo mattone posato, facendolo volare via, e poi per il dolore agita la mano.

Victor rovista in una borsa che ha accanto a sé e tira fuori un pezzo di salsiccia secca avvolta in carta cerata.

«Ecco, prendi questa, so che vi lasciano morire di fame e dove l'ho presa ce ne sono un sacco.»

«È il nostro pranzo!» esclama Yuri, che si precipita a strappare la salsiccia dalla mano protesa del padre.

Victor spinge via Yuri. «Non ti farà male se per un giorno ne fai a meno. Quest'uomo ne ha più bisogno.»

«Lo dico alla mamma quando arriviamo a casa.»

«Spera solo che io non dica a lei del tuo atteggiamento. Devi imparare un sacco di cose sull'educazione, giovanotto. Che questa sia la tua prima lezione.»

Lale non ha ancora preso la salsiccia. «Mi spiace, non volevo darvi problemi.»

«Be', invece è proprio quello che hai fatto», si lamenta Yuri con tono petulante.

«No, non è vero», replica Victor. «Lale, prendi la salsiccia e vieni a trovarmi domani. Avrò qualcos'altro per te. Diamine, se possiamo aiutare anche uno solo di voi, lo facciamo. D'accordo, Yuri?»

Con riluttanza Yuri tende la mano a Lale, che la prende.

«Se salvi un uomo, salvi il mondo intero», dice Lale sommessamente, più a sé stesso che a loro due.

«Non posso aiutarvi tutti.»

Lale prende il cibo. «Non ho niente con cui ripagarvi.»

«Non è un problema.»

«Grazie. Magari c'è un modo per pagarvi; se lo trovo, potreste portarmi qualcos'altro, tipo del cioccolato?»

«Sono sicuro che possiamo escogitare qualcosa. Adesso è meglio che tu te ne vada, c'è un ufficiale che ci sta tenendo d'occhio.»

«Ci vediamo», dice Lale, infilando la salsiccia nella borsa. Mentre ritorna alla sua baracca, sparuti fiocchi di neve gli svolazzano attorno. I fiocchi incrociano gli ultimi raggi di sole e riflettono riverberi di luce che gli ricordano un caleidoscopio con cui giocava da ragazzo. "Che cosa c'è che non va in quest'immagine?" Lale è sopraffatto dall'emozione mentre torna di corsa al suo blocco. Sul suo viso la neve sciolta è indistinguibile dalle lacrime. L'inverno del 1942 è arrivato.

Tornato nella sua stanza, Lale prende il pezzo di salsiccia e lo divide con cura in parti uguali. Strappa delle strisce di carta cerata e avvolge stretto ogni pezzo prima di rimetterlo nella borsa. Arrivato all'ultimo pezzo, si ferma ed esamina la piccola soddisfacente porzione di cibo posata accanto alle sue dita sporche e screpolate. Quelle dita che un tempo erano morbide, pulite e grassocce, che toccavano cibi ricchi e che alzava per dire a chi l'aveva invitato a pranzo: «No, grazie, non ce la faccio proprio più». Scrollando la testa mette anche quello nella borsa.

Si dirige verso gli edifici del Canada. Una volta ha chiesto a uno degli uomini del Blocco 7 se sapeva perché quei magazzini di smistamento li chiamavano «Canada».

«Le ragazze che ci lavorano sognano un luogo lontano in cui la vita sia come vogliono loro. E hanno deciso che quel posto è il Canada», aveva risposto quello.

Lale un giorno ha scambiato due chiacchiere con un paio di ragazze di uno di quegli edifici. Ha controllato più volte tutte quelle che escono da quel magazzino ed è certo che Gita non lavora lì. Ce ne sono altri ai quali lui non può accedere facilmente e dove probabilmente lavora lei. Tiene d'occhio due ragazze con cui ha già parlato e che stanno camminando una accanto all'altra. Infila la mano nella borsa, prende due pacchetti e le avvicina, sorridendo. Si gira e cammina al loro fianco.

«Allungate una mano, ma fatelo adagio. Vi do una salsiccia in un involto. Non apritelo finché non siete da sole.»

Le due ragazze fanno quel che ha detto, senza smettere di camminare, gli occhi che si guardano attorno in cerca di qualche SS che potrebbe osservarle. Una volta che hanno la salsiccia in mano, si stringono le braccia al petto, sia per tenersi al caldo sia per proteggere quel dono.

«Ragazze, ho sentito che a volte trovate gioielli e denaro. È vero?»

Le due donne si scambiano un'occhiata.

«Ora, non voglio farvi correre rischi, ma pensate che potreste contrabbandare fuori qualcosa per me?»

Una risponde nervosamente: «Non dovrebbe essere troppo difficile. I nostri sorveglianti non badano più di tanto a noi. Pensano che siamo innocue».

«Splendido. Prendete quello che potete senza destare sospetti e io comprerò a voi e alle altre del cibo come questa salsiccia.»

«Pensi che potremmo avere del cioccolato?» chiede l'altra, con gli occhi che le brillano.

«Non posso promettertelo, ma ci provo. Ricordate, prendete solo delle piccole quantità per volta. Io cercherò di essere qui domani pomeriggio. Se non ci sarò, c'è un posto sicuro dove nascondere le cose finché non vengo?»

«Non nella nostra baracca. Non possiamo, ci perquisiscono sempre.»

«So io dove: dietro la nostra baracca si sta formando un cumulo di neve. Possiamo avvolgerle in uno straccio e nasconderle lì quando andiamo alle latrine», suggerisce l'altra.

«Sì, funzionerà», conferma la prima.

«Non dite a nessuno quello che fate o da dove prendete il cibo, d'accordo? È davvero importante. La vostra vita dipende dal vostro silenzio. Avete capito?»

Una delle ragazze si passa un dito sulla bocca chiusa. Quando si avvicinano al settore femminile, Lale si separa da loro e indugia per un po' fuori dal Blocco 29. Non c'è traccia di Gita. Pazienza. Ma fra tre giorni sarà di nuovo domenica.

Il giorno seguente Lale conclude il lavoro a Birkenau nel giro di qualche ora. Leon gli chiede di passare il pomeriggio con lui, perché vuole avere l'opportunità di discutere della loro situazione senza che tutti gli uomini della baracca drizzino le orecchie per ascoltare ogni parola. Lale si scusa dicendo di non sentirsi bene e di aver bisogno di riposo. Ognuno va per la propria strada.

È combattuto. Vuole disperatamente qualsiasi alimento Victor abbia portato, ma ha bisogno di qualcosa con cui pagarlo. Le ragazze finiscono di lavorare più o meno alla stessa ora in cui Victor e gli altri manovali esterni se ne vanno. Avrà abbastanza tempo per vedere se le ragazze sono riuscite a sottrarre qualcosa? Alla fine decide di fare visita al muratore e rassicurarlo sul fatto che si sta adoperando per trovare una fonte di pagamento.

Con la borsa in mano, Lale si dirige verso il cantiere. Si guarda attorno in cerca di Victor e Yuri: Victor lo vede e fa segno al figlio di seguirlo, staccandosi dagli altri muratori. Lentamente si avvicinano a Lale, che si è fermato e finge di cercare qualcosa nella borsa. Con la mano tesa Yuri saluta Lale.

«Ieri sera sua madre gliene ha dette quattro», spiega Victor.

«Mi spiace, ma non ho trovato nulla per pagarvi, però spero di avere qualcosa molto presto. Vi prego, non portatemi niente finché non vi ho pagato quello che mi avete dato finora.»

«Non è un problema, abbiamo un sacco di roba che ci avanza», dice Victor.

«No, state correndo dei rischi e come minimo dovreste ricevere qualcosa in cambio. Datemi solo un giorno o due.»

Victor prende due pacchetti dalla sua borsa e li lascia cadere in quella aperta di Lale. «Saremo qui domani alla stessa ora.»

«Grazie.»

«Ci vediamo», risponde Yuri, il che fa sorridere Lale.

«Ci vediamo, Yuri.»

Tornato nella sua stanza, Lale apre i pacchetti. Salsiccia e cioccolato. Porta il cioccolato al naso e lo annusa.

Anche stavolta divide il cibo in pezzetti per facilitare le ragazze nella distribuzione. "Ah, speriamo davvero che siano discrete!" Le conseguenze saranno atroci se non staranno attente. Tiene da parte una piccola quantità di salsiccia per il Blocco 7. La sirena che annuncia «giù gli attrezzi» interrompe il suo meticoloso tentativo di assicurarsi che ogni pezzo di cibo sia esattamente delle stesse dimensioni. Butta tutto nella borsa e si precipita verso il Canada.

Non lontano dal settore femminile, Lale raggiunge le sue due amiche. Loro lo vedono arrivare e rallentano il passo, mischiandosi con la folla di ragazze che marciano verso «casa». Con una mano Lale tiene i fagotti di cibo, con l'altra la borsa aperta, e si fa strada in mezzo alle donne. Senza guardarlo, entrambe le ragazze gli lasciano cadere qualcosa nella borsa e lui, in cambio, gli mette in mano il cibo, che loro s'infilano nelle maniche. Lale e le ragazze si separano all'ingresso del settore femminile, un'area vietata agli uomini.

Non sa che cosa troverà nei quattro stracci che depone sul letto. Li apre con delicatezza. Contengono monete e banconote in zloty polacchi, diamanti sfusi, rubini e zaffiri, anelli d'oro e d'argento con pietre preziose. Lale fa un passo indietro, sbattendo contro la porta alle sue spalle. Rabbrividisce pensando alla triste provenienza di quegli oggetti, ognuno dei quali è legato a un evento fondamentale della vita della persona che lo possedeva. Teme anche per la propria sicurezza. Essere scoperto con questo bottino sarebbe una condanna a morte certa. Un rumore all'esterno lo induce a buttare i gioielli e il denaro nella borsa e a stendersi sul letto. Nessuno entra. Alla fine si alza e porta la borsa con sé al pasto serale. Nella mensa non appoggia la borsa tra i piedi come al solito, ma ci si aggrappa con una mano, cercando di non apparire troppo strano. Sospetta di non riuscirci.

Più tardi, quella notte, separa le pietre preziose dal denaro, le gemme sfuse dai gioielli, avvolgendo i vari mucchietti negli stracci in cui erano contenuti. La maggior parte del malloppo la nasconde sotto il materasso. Nella borsa tiene un rubino e un anello con diamante.

La mattina dopo, alle sette, Lale ciondola nei pressi dei cancelli del campo mentre i lavoratori esterni entrano. Si avvicina con circospezione a Victor e, aprendo la mano, gli mostra il rubino e l'anello. Victor chiude la sua mano sopra quella di Lale, come per stringerla, e prende i gioielli. La borsa di Lale è già aperta e Victor vi trasferisce rapidamente dei pacchetti. L'alleanza è sancita.

Victor sussurra: «Felice anno nuovo».

Lale si allontana con passo pesante: ora la neve cade fitta e copre il campo. Il 1943 è cominciato.

7.

Malgrado il freddo pungente e il campo in condizioni disastrose a causa della neve e del fango, Lale è allegro. È domenica. Lale e Gita saranno tra i coraggiosi ad aggirarsi tra le baracche, confidando in un incontro fuggevole, una parola, uno sfiorarsi delle mani.

Lui procede a piccoli passi e, cercando di non far penetrare il freddo nelle ossa, tiene gli occhi aperti nella speranza di vedere Gita. Passa davanti al settore femminile il più spesso possibile senza destare sospetti. Parecchie ragazze escono dal Blocco 29, ma non Gita. Proprio quando sta per rinunciare, appare Dana, che si guarda attorno. Quando scorge Lale, si affretta a raggiungerlo.

«Gita è ammalata», gli dice non appena è a portata d'orecchio. «È malata, Lale. Non so che cosa fare.»

In preda al panico, il cuore gli balza in gola e gli tornano in mente il carro coi morti, il rischio corso, gli uomini che l'hanno accudito facendolo ristabilire. «Devo vederla.»

«No, non puoi entrare. La nostra kapò è di umore pessimo. Vuole chiamare le SS e fare portar via Gita.»

«Non puoi permetterglielo, non lasciare che la portino via. Ti prego, Dana. Che cos'ha, lo sai?» chiede Lale.

«Pensiamo che sia tifo. Questa settimana abbiamo perso parecchie ragazze nel nostro blocco.»

«Allora ha bisogno di medicinali specifici.»

«E dove andiamo a prenderli, Lale? Se andiamo all'ospedale e chiediamo un rimedio per il tifo, loro se la portano via e basta. Non posso perderla. Ho perso tutta la mia famiglia. Ti prego, puoi aiutarci?» lo implora Dana.

«Niente ospedale. Qualunque cosa facciate, non andateci.» Il cervello di Lale è in subbuglio. «Ascoltami, Dana... Mi ci vorranno un paio di giorni, ma cercherò di procurarmi dei medicinali.» Si sente travolgere dal torpore, la vista gli si annebbia, il cuore batte all'impazzata. «Ecco che cosa devi fare. Domattina la porti, in qualunque modo – reggila, trascinala, non importa –, al Canada. Durante il giorno nascondila tra i vestiti, cerca di farla bere il più possibile, poi riportala alla baracca per l'appello. Potresti doverlo fare per qualche giorno finché non trovo qualcosa, ma devi farlo. È l'unico modo per impedire che venga trasferita in ospedale. Adesso vai e occupati di lei.»

«D'accordo, ce la farò. Ivana mi darà una mano.»

Lui l'afferra per la mano. «Dille...»

Dana aspetta.

«Dille che mi prenderò cura di lei.»

Lale osserva Dana tornare di corsa nella sua baracca. È impietrito. I pensieri gli si intrufolano nella testa. Pensa al carro con i morti che vede ogni giorno: lo chiamano «la Madonna Nera»... Lei non può finire là sopra. Non dev'essere quello il suo destino. Lale guarda attorno a sé le anime coraggiose che si sono avventurate fuori. Le immagina cadere nella neve e rimanere distese così, sorridenti, grate che la morte le abbia portate via da quel posto.

«Non l'avrete. Io non vi permetterò di strapparmela!» esclama.

I prigionieri si allontanano. Le SS hanno deciso di restare al chiuso, in quella giornata buia e deprimente, e ben presto Lale si ritrova solo, paralizzato dal freddo e dalla paura. Alla fine comincia a muovere i piedi e la mente si ricollega al resto del corpo. Barcollando rientra nella sua stanza e crolla sul letto.

La mattina dopo la luce del giorno filtra nella camera, che sembra vuota, come se non ci fosse neppure lui. Guardandola dall'alto, non vede sé stesso. Un'esperienza extracorporea. *Dove sono andato? Devo tornare. Ho una cosa importante da fare.* Il ricordo dell'incontro con Dana il giorno prima lo riproietta di colpo nella sua stanza e nel suo letto.

Afferra la borsa, gli stivali, si avvolge le spalle con una coperta e si precipita al cancello principale. Non controlla chi c'è in giro. Deve andare subito da Victor e Yuri.

I due uomini arrivano con il resto della squadra, affondando nella neve a ogni passo. Vedono Lale e si staccano dagli altri, incontrandolo a metà strada. Lui mostra a Victor le gemme e il denaro che ha in mano, una piccola fortuna. Lascia cadere tutto ciò che ha nella borsa dell'uomo.

«Un rimedio per il tifo o qualcosa di analogo», dice Lale. «Potete aiutarmi?»

Victor infila i pacchetti di cibo nella borsa aperta di Lale e con un cenno della testa risponde: «Sì».

Lale si precipita al Blocco 29 e resta a guardare da lontano. "Dove sono? Perché non si fanno vive?" Cammina su e giù, dimentico degli sguardi dalle torrette che circondano il campo. Ha bisogno di vedere Gita. Deve avere passato la nottata. Finalmente scorge Dana e Ivana, con Gita aggrappata mollemente alle loro spalle. Due altre ragazze aiutano a nascondere la scena agli sguardi dei soldati. Lale cade in ginocchio al pensiero che questa potrebbe essere l'ultima volta che la vede.

«Che cosa fai lì così?» Baretski compare dietro di lui.

Lui si rialza in piedi vacillando. «Mi sentivo male, ma ora sto meglio.»

«Forse dovresti vedere un medico. Ne abbiamo tanti ad Auschwitz, sai?»

«No, grazie, preferirei chiederle di spararmi.»

Baretski estrae la pistola dalla fondina. «Se è qui che vuoi morire, *Tätowierer*, sarei felice di accontentarti.»

«So che lo sarebbe, ma non oggi. Immagino che ci sia del lavoro da fare, no?»

Baretski ripone la pistola. «Auschwitz», dice mettendosi in cammino. «E riporta quella coperta dove l'hai trovata. Hai un'aria ridicola.»

Lale e Leon passano la mattina ad Auschwitz a tatuare numeri sui nuovi arrivati, che sono terrorizzati, e cercano di alleviare il loro spavento. Ma la mente di Lale è con Gita, e parecchie volte preme troppo forte.

Nel pomeriggio, quando il lavoro è terminato, Lale un po' cammina e un po' corre per tornare a Birkenau. Incontra Dana accanto all'ingresso del Blocco 29 e le dà tutte le razioni della sua colazione.

«Le abbiamo preparato un letto con gli indumenti», spiega Dana infilando il cibo nei finti polsini della camicia. «E per farla bere le abbiamo dato dei pezzi di neve da succhiare. Questo pomeriggio l'abbiamo riportata nella baracca, ma sta ancora molto male.»

Lale stringe la mano di Dana. «Grazie. Cercate di farle mangiare qualcosa. Domani avrò delle medicine.»

Se ne va, nella mente un vortice di pensieri. "Conosco Gita a malapena, ma come faccio a vivere se lei non vive?"

Quella notte il sonno lo abbandona.

La mattina seguente Victor infila i medicinali nella borsa di Lale, insieme col cibo.

Quel pomeriggio, lui riesce a dare tutto a Dana.

La sera, Dana e Ivana sono sedute accanto a Gita, ora del tutto priva di sensi. Il tifo è più forte di loro e la quiete nera si è impossessata di lei. Le parlano, ma Gita non dà segno di udirle. Da una fialetta Dana le deposita parecchie gocce di liquido nella bocca, che Ivana tiene aperta.

«Non credo di riuscire a portarla ancora al Canada», dice Ivana, esausta.

«Starà meglio», insiste Dana. «Ancora qualche giorno.»

«Dove si è procurato la medicina, Lale?»

«Non voglio saperlo. Sii grata che l'ha trovata.»

«Pensi che sia troppo tardi?»

«Non lo so, Ivana, stringiamola forte e facciamole superare la notte.»

La mattina dopo, Lale osserva da lontano Gita che viene nuovamente trascinata al Canada. Vede un paio di volte come tenta di alzare la testa e questa visione lo colma di gioia. Ora deve cercare Baretski.

Gli alloggi principali degli ufficiali delle SS si trovano ad Auschwitz. A Birkenau hanno solo un piccolo edificio ed è lì che si reca Lale nella speranza d'imbattersi in Baretski che va o che viene. Compare dopo parecchie ore e sembra sorpreso di vedere il tatuatore che lo aspetta.

«Non c'è abbastanza lavoro per te, eh?»

«Ho un favore da chiederle», ribatte Lale.

Baretski strizza gli occhi. «Basta favori.»

«Magari un giorno potrò fare qualcosa per lei.»

L'ufficiale ride. «E che cosa potresti mai fare per me?»

«Non si sa mai, ma non vorrebbe mettere da parte un favore, in caso di bisogno?»

Baretski sospira. «Che cosa vuoi?»

«È Gita...»

«La tua fidanzata.»

«Può farla trasferire dal Canada in amministrazione?»

«Perché? Ah, suppongo che tu voglia che lei stia dove c'è il riscaldamento...»

«Sì.»

Baretski tamburella con un piede. «Potrei metterci un giorno o due, ma vedo che cosa posso fare. Nessuna promessa.»

«Grazie.»

«Sei mio debitore, *Tätowierer.*» La smorfia è di nuovo lì, mentre accarezza il manganello. «Sei mio debitore.»

Con più audacia di quanta ne abbia, Lale dice: «No, non ancora, ma spero di sì». Lale si allontana, con passo saltellante. Forse può rendere la vita di Gita un po' più sopportabile.

La domenica seguente cammina adagio al fianco di Gita che si sta riprendendo. Vorrebbe cingerla con un braccio, come ha visto fare a Dana e Ivana, ma non osa. È già abbastanza essere accanto a lei. Ci vuole poco perché la ragazza sia esausta, e fa troppo freddo per sedersi. Gita indossa un lungo cappotto di lana, evidentemente un indumento che le ragazze hanno sottratto al Canada, senza che le SS obiettassero nulla. Ha tasche profonde e Lale le riempie di cibo prima di rimandarla nella sua baracca a riposare.

La mattina dopo Gita, tremante, viene accompagnata nell'edificio principale dell'amministrazione da un ufficiale delle SS. Alla giovane non è stata data alcuna spiegazione, e naturalmente teme il peggio. È stata malata e ora è debole: probabilmente le autorità hanno deciso che non serve più a niente. Mentre l'ufficiale parla con una collega più anziana, Gita si guarda attorno nello stanzone. È stipato di scialbe scrivanie verdi e schedari. Niente è fuori posto. Ciò che la colpisce di più è il calore. Lì ci lavorano anche le SS, quindi hanno il riscaldamento. Una combinazione di prigioniere e di donne civili si danno da fare con rapidità e in silenzio: scrivono e archiviano, a testa bassa.

L'ufficiale di scorta indirizza Gita alla sua collega e Gita inciampa, ancora provata dal tifo. La collega frena la sua caduta prima di spintonarla via brutalmente. Dopodiché le afferra il braccio e ispeziona il tatuaggio per poi trascinarla verso una scrivania vuota e spingerla giù su una dura sedia di legno, accanto a un'altra prigioniera vestita come lei. La ragazza non alza lo sguardo, ma cerca solo di farsi più piccola e invisibile, in modo da essere ignorata dall'ufficiale.

«Falla lavorare», abbaia la donna scontrosa.

Quando sono da sole, la ragazza mostra a Gita una lunga lista di nomi e di dettagli. Le porge un mucchio di schede e indica che deve trascrivere i dati di ogni persona prima su una scheda e poi in un librone rilegato in pelle che condividono. Nessuno dice una parola e un rapido sguardo nella stanza fa capire a Gita che anche lei deve tenere la bocca chiusa.

Più tardi quel giorno Gita sente una voce familiare e alza la testa. Lale è entrato nella stanza e porge dei documenti a una delle giovani in abiti civili che lavorano al bancone centrale. Al termine della conversazione passa in rassegna tutti i volti. Quando il suo sguardo incrocia Gita, le fa l'occhiolino. Lei non riesce a trattenersi, ha un sussulto, e qualche donna si gira a guardarla. La ragazza al suo fianco le dà una gomitata nelle costole, mentre Lale si affretta a uscire.

Quel giorno, terminato il lavoro, Gita vede Lale che, a una certa distanza, osserva le ragazze uscire dall'edificio amministrativo dirette alle loro baracche. La folta presenza di SS gli impedisce di avvicinarsi. Le donne camminano e parlano tra di loro.

«Io sono Cilka», dice la collega di Gita. «Sto nel Blocco 25.»

«Io sono Gita, Blocco 29.»

Quando le ragazze entrano nel settore femminile, Dana e Ivana si precipitano da Gita. «Stai bene? Dove ti hanno portata?» chiede Dana, con la paura e il sollievo dipinti in volto.

«Sto bene, sto bene. Mi hanno portato a lavorare in amministrazione.»

«Come?...» chiede Ivana.

«Lale. Credo che in qualche modo abbia architettato tutto lui.»

«Ma è tutto a posto? Non ti hanno fatto del male?»

«Sto bene. Questa è Cilka. Lavoro con lei.»

Dana e Ivana salutano Cilka con un abbraccio. Gita sorride, felice che le sue amiche accettino subito un'altra ragazza tra di loro. Tutto il pomeriggio è stata in ansia al pensiero di come avrebbero reagito al fatto che ormai lavorava in relativa comodità, senza dover affrontare il freddo o gli sforzi fisici. Non gliene avrebbe fatto una colpa se fossero state gelose del suo nuovo ruolo e avessero voluto metterla da parte.

«È meglio che torni alla mia baracca», disse Cilka. «Ci vediamo domani, Gita.»

Cilka si allontana e Ivana la osserva. «Accidenti, se è carina. Persino vestita di stracci è bella.»

«Sì, è tutto il giorno che mi accenna dei sorrisi, quanto basta per rassicurarmi. La sua bellezza va al di là della superficie.»

Cilka si gira e sorride a tutt'e tre. Poi, con una mano, si toglie il fazzoletto dalla testa e lo agita verso di loro, scoprendo dei lunghi capelli neri che le scendono a cascata sulla schiena. Si muove con la grazia di un cigno, una giovane donna ignara della sua bellezza, all'apparenza incontaminata dall'orrore che la circonda.

«Devi chiederle come ha fatto a conservare i capelli», dice Ivana, grattandosi distrattamente il foulard che ha in testa.

Gita si toglie il suo e si passa una mano tra i capelli corti e pungenti, sapendo fin troppo bene che glieli taglieranno ancora, rasandola fino al cuoio capelluto. Per un istante il suo sorriso scompare, poi si rimette il fazzoletto, prende Dana e Ivana a braccetto e insieme si dirigono verso il carretto dei pasti.

8.

Lale e Leon lavorano ventiquattr'ore su ventiquattro a mano a mano che i tedeschi rastrellano gli ebrei da ogni città, ogni borgo e ogni villaggio che invadono: dalla Francia, dal Belgio, dalla Iugoslavia, dall'Italia, dalla Moravia, dalla Grecia e dalla Norvegia si uniscono ai prigionieri già deportati dalla Germania, dall'Austria e dalla Slovacchia. Ad Auschwitz tatuano quelli così sfortunati da essere selezionati dall'«équipe medica». Quelli destinati a lavorare vengono trasportati in treno a Birkenau, il che risparmia a Lale e Leon una scarpinata di sei chilometri per andare e tornare. Però, con tanti nuovi arrivi, Lale non è in grado di raccogliere il bottino dalle ragazze del Canada e ogni giorno le leccornie ritornano a casa con Victor. Di tanto in tanto, quando i numeri diminuiscono ed è il momento giusto della giornata, Lale chiede una pausa per andare in bagno e si reca al Canada. La quantità di gemme, gioielli e denaro sotto il suo materasso aumenta.

Il giorno diventa notte e gli uomini continuano a fare la fila per essere marchiati a vita, che sia breve o lunga. Lale lavora come un automa, allungando la mano per prendere il pezzo di carta che gli porgono, afferrando il braccio che gli tendono e poi tatuandolo. «Avanti... Il prossimo, per favore...» Sapeva di essere stanco, ma il braccio successivo è così pesante che lo lascia cadere. Un uomo gigantesco gli si para davanti, con un torace possente, un collo taurino e membra massicce.

«Ho molta fame», sussurra.

Allora Lale fa qualcosa che non ha mai fatto. «Come ti chiami?» gli chiede.

«Jakub.»

Lale si accinge a tatuare il numero di Jakub. Quando ha terminato, si guarda attorno e vede che le SS che li sorvegliano sono stanche e prestano scarsa attenzione a quello che succede. Lale gli fa prendere posto dietro di lui, nell'ombra dove non arriva la luce dei riflettori.

«Resta lì finché non ho finito.»

Dopo aver numerato l'ultimo prigioniero, Lale e Leon raccolgono gli strumenti e il tavolo. Lale saluta Leon e si scusa per avergli fatto perdere la cena e gli promette di portargli qualcosa delle sue scorte l'indomani mattina. "O è già stamattina?" Con Jakub ancora nascosto, Lale si ferma e si assicura che tutti i soldati si siano allontanati. Finalmente non c'è più nessuno in giro. Uno sguardo rapido alle torrette rivela che non ci sono sguardi rivolti verso di loro. Dice a Jakub di seguirlo ed entrambi si precipitano nella stanza di Lale, che si chiude la porta alle spalle mentre Jakub si siede sul letto. Lale solleva un angolo del materasso infossato e tira fuori pane e salsiccia. Li offre a Jakub, che ci si avventa sopra.

Quando ha finito, Lale gli chiede: «Di dove sei?».

«America.»

«E come sei finito qui?»

«Ero in visita alla mia famiglia in Polonia e sono rimasto intrappolato. Non sono potuto ripartire, ci hanno rastrellato ed eccomi qua. Non so dove sono i miei familiari. Ci hanno separati.»

«Ma vivi in America?»

«Sì.»

«Merda. È dura.»

«Tu come ti chiami?» chiede Jakub.

«Io sono Lale. Mi chiamano *Tätowierer* e, come me, te la caverai bene qui dentro.»

«Non capisco. Che cosa intendi che me la caverò bene?»

«La tua stazza. I tedeschi sono bastardi e crudeli, ma non sono del tutto stupidi. Sanno individuare la persona giusta per il lavoro giusto, e sono sicuro che ti troveranno un lavoro.»

«Che genere di lavoro?»

«Non lo so. Aspetta e vedrai. Sai a che blocco sei stato assegnato?»

«Al Blocco 7.»

«Ah, lo conosco bene. Vieni, ti faccio entrare di nascosto. È meglio che tu sia là quando chiameranno il tuo numero tra un paio d'ore.»

Due giorni dopo è domenica. Avendo lavorato per cinque domeniche di fila, Lale sente terribilmente la mancanza di Gita. Oggi il sole splende su di lui mentre batte il campo cercandola. Quando gira l'angolo di una baracca, è sorpreso da acclamazioni e applausi. Rumori simili non si sentono mai nel campo. Lale si fa largo in mezzo alla folla per vedere da dove vengono. Lì, al centro dell'attenzione, circondato da prigionieri e guardie, Jakub si sta esibendo.

Tre uomini gli portano un grosso pezzo di legno. Lui lo afferra e lo scaglia lontano. I prigionieri sgomitano per mettersi al riparo. Un altro porge una lunga sbarra di metallo a Jakub, che comincia a piegarla a metà. Lo spettacolo continua per qualche tempo, a mano a mano che i presenti gli portano oggetti sempre più pesanti per permettergli di mostrare la sua forza.

Improvvisamente il silenzio cala sulla folla. Houstek si sta avvicinando, scortato dalle SS. Jakub continua la sua esibizione, ignaro dei nuovi spettatori. Houstek lo osserva sollevare un pezzo di metallo sopra la testa e piegarlo. Ha visto abbastanza. Fa un cenno ai soldati accanto a lui, che si dirigono verso Jakub. Non tentano nemmeno di toccarlo, ma puntano i fucili nella direzione in cui si aspettano che vada.

Via via che la folla si assottiglia, Lale vede Gita. Si precipita verso di lei e le sue amiche. Una o due ridacchiano quando lo vedono. Un suono così fuori luogo in quel campo di morte, che Lale se ne rallegra. Gita è raggiante. Prendendola per un braccio, lui la conduce al loro posticino dietro l'edificio amministrativo. Il terreno è ancora troppo freddo per sedersi, così Gita si appoggia contro il muro e solleva il viso verso il sole.

«Chiudi gli occhi», dice Lale.

«Perché?»
«Fai come ti ho detto. Fidati di me.»
Gita chiude gli occhi.
«Apri la bocca.»
Lei apre gli occhi.
«Chiudi gli occhi e apri la bocca.»
Gita obbedisce. Dalla borsa Lale prende un pezzetto di cioccolato. Lo posa sulle sue labbra, le fa sentire la consistenza, prima di spingerglielo un po' più a fondo in bocca. Lei vi preme contro la lingua. Lale lo ritira verso le labbra. Ora strofina delicatamente il cioccolato inumidito sulle labbra e lei lo lecca deliziata. Quando glielo infila di nuovo in bocca, lei dà un morso e ne stacca un angolo, spalancando gli occhi. Mentre lo assapora dice: «Perché il cioccolato ha un gusto tanto migliore quando te lo mette in bocca qualcun altro?».
«Non lo so. Nessuno l'ha mai fatto con me.»
Gita prende la piccola quantità di cioccolato che Lale ha ancora in mano.
«Chiudi gli occhi e apri la bocca.»
Lo stuzzica allo stesso modo e, dopo aver spalmato l'ultimo frammento di cioccolato sulle labbra di Lale, lo bacia con delicatezza e glielo lecca via. Lui apre gli occhi e vede che lei li ha chiusi. La stringe fra le sue braccia e si baciano appassionatamente. Finalmente Gita apre gli occhi e asciuga le lacrime che scorrono sul viso di Lale.
«Che cos'altro hai nella tua borsa?» gli chiede lei scherzosamente.
Lale tira su col naso e ride. «Un anello con diamante. O preferisci uno smeraldo?»
«Oh, prendo il diamante, grazie», dice lei, stando al gioco.
Lale fruga nella borsa e tira fuori uno splendido anello d'argento con un diamante incastonato. Glielo porge e dice: «È tuo».
Gita non riesce a staccare gli occhi dall'anello, la pietra riflette i raggi del sole. «E questo dove l'hai trovato?»
«Le ragazze che lavorano in uno degli edifici del Canada cercano gioielli e denaro per me. Li uso per comprare il cibo e i medicinali che ho dato a te e agli altri. Su, prendilo.»

Gita stende la mano come per provare l'anello, ma poi la ritrae. «No, tienilo tu. Fanne buon uso.»

«D'accordo.»

Lale sta per rimetterlo nella borsa, quando Gita lo blocca: «Aspetta. Fammelo vedere ancora una volta».

Lale lo tiene fra due dita, girandolo da una parte e dall'altra.

«È l'oggetto più bello che abbia mai visto. Adesso mettilo via.»

«È la seconda cosa più bella che io abbia mai visto», dice Lale, guardando Gita. Lei arrossisce e distoglie lo sguardo.

«Vorrei ancora un po' di quel cioccolato, se te ne avanza.»

Lale le porge una piccola tavoletta. Lei ne stacca un pezzetto e se lo infila in bocca, chiudendo gli occhi per un istante. Avvolge il resto nella manica e lo nasconde lì.

«Dai, ti riporto dalle ragazze, così puoi dividerlo con loro.»

Gita allunga una mano verso il suo viso e gli accarezza una guancia. «Grazie.»

Lale vacilla, turbato dalla sua vicinanza.

Gita lo prende per mano e comincia a camminare. Lale si lascia condurre. Quando entrano nel campo principale, Lale vede Baretski. Lui e Gita si lasciano la mano. Lui le rivolge uno sguardo che le rivela tutto quello che deve sapere. Soffre nel separarsi da lei senza una parola e senza la certezza su quando s'incontreranno ancora. Va verso Baretski, che lo sta fissando.

«Ti cercavo», gli dice. «Abbiamo del lavoro da fare oggi ad Auschwitz.»

Lungo la strada per Auschwitz, Lale e Baretski passano davanti a dei gruppetti di lavoro costituiti da uomini puniti con turni domenicali. Parecchie SS che li sorvegliano salutano Baretski, che le ignora. C'è qualcosa che non va in lui, oggi. Di solito parla in continuazione. Tutto il suo corpo sembra teso. Più avanti Lale vede tre prigionieri seduti per terra, schiena a schiena, che si sorreggono a vicenda, evidentemente esausti. I prigionieri alzano lo sguardo verso Lale e l'ufficiale, ma non accennano a muoversi. Senza smettere di camminare Baretski imbraccia il fucile e apre ripetutamente il fuoco su di loro.

Lale resta di ghiaccio e il suo sguardo si fissa sugli uomini morti. Finalmente, tornando a guardare Baretski che arretra, Lale ricorda la prima volta che ha visto un attacco ingiustificato contro delle persone indifese, sedute su un'asse al buio. Quella prima notte in cui è arrivato a Birkenau gli scorre davanti agli occhi come un lampo. Baretski si sta allontanando e Lale teme che sfoghi la sua ira su di lui. Si precipita a raggiungerlo, ma rimane a breve distanza. Ancora una volta arrivano ai cancelli di Auschwitz e Lale alza lo sguardo verso le parole che lo adornano: ARBEIT MACHT FREI. Maledice in silenzio qualunque dio lo stia ascoltando.

9.

marzo 1943

Lale si presenta in amministrazione per ricevere istruzioni. Entrando, abbraccia il salone con uno sguardo per assicurarsi che Gita sia dove deve essere. E lei è lì, sempre seduta accanto a Cilka. Le due ragazze sono diventate molto intime e, a quanto pare, Dana e Ivana hanno accettato appieno Cilka nella loro piccola cerchia. La sua solita strizzatina d'occhio è accolta dalle due con un sorriso trattenuto. Si rivolge alla ragazza polacca dietro il bancone.

«Buongiorno, Bella. È una splendida giornata, fuori.»

«Buongiorno, Lale», risponde Bella. «Ho qui il tuo lavoro. Mi hanno chiesto di dirti che oggi tutti i numeri devono avere la lettera Z davanti.»

Lale guarda la lista di numeri e, in effetti, ognuno di essi è preceduto dalla lettera Z.

«Sai cosa significa?»

«No, Lale, non mi hanno detto nulla. Sai più tu di me. Io mi limito a seguire le istruzioni.»

«Come faccio io, Bella. Grazie, ci vediamo più tardi.»

Con le istruzioni in mano, Lale fa per uscire dalla porta.

«Lale», lo chiama Bella.

Lui si gira verso di lei. Accennando con la testa a Gita, gli chiede: «Non hai dimenticato qualcosa?».

Sorridendole, lui si volta verso Gita e inarca le sopracciglia. Parecchie ragazze si portano la mano alla bocca, lo sguardo vigile a causa delle SS che sorvegliano il loro lavoro.

Leon aspetta Lale all'esterno. Lale lo aggiorna mentre camminano verso la postazione di lavoro. I camion stanno rovesciando il loro carico lì vicino e i due uomini reagiscono a scoppio ritardato quando si accorgono che tra quelli che vengono fatti scendere ci sono dei bambini, insieme con donne e uomini anziani. Prima non si erano mai visti bambini a Birkenau.

«Di certo non tatuiamo i bambini. Io non lo faccio», dichiara Leon.

«Ecco Baretski. Ci dirà lui cosa fare. Non dire una parola.»

L'ufficiale arriva con passo deciso. «Ho visto che oggi hai notato qualcosa di diverso, *Tätowierer*. Questi sono i vostri nuovi compagni. D'ora in poi condividerete tutto con loro, quindi siate carini. Sono molto più numerosi di voi... e di gran lunga, a dire il vero.»

Lale non dice nulla.

«Sono la feccia dell'Europa, persino peggio di voi. Sono zingari, e per ragioni a me ignote il Führer ha deciso che devono vivere qui. Che cosa ne dici, *Tätowierer*?»

«Dobbiamo tatuare i bambini?»

«Dovete tatuare chiunque vi dia un numero. Vi lascio al vostro lavoro. Io sono impegnato con la selezione, quindi non costringetemi a tornare qui.»

Mentre Baretski si allontana, Leon farfuglia: «Io non lo faccio».

«Aspettiamo e vediamo che cosa ci capita davanti.»

Non passa molto tempo prima che maschi e femmine, bambini e vecchi ricurvi si presentino davanti a Lale e Leon. I due tatuatori sono grati nel constatare che i bambini non devono essere marchiati, anche se a Lale alcune persone che arrivano porgendo il numero sembrano troppo giovani. Lui fa il suo lavoro, elargendo sorrisi ai bimbi in attesa in piedi accanto ai genitori e, ogni tanto, dice a una mamma con in braccio un neonato che ha un bambino davvero adorabile. Baretski non è a portata d'orecchio. Quel che gli costa più fatica è marchiare le donne anziane che sembrano morte che camminano, con gli occhi vacui, forse consapevoli del loro destino ultimo. «Mi spiace», sussurra. Sa che probabilmente non lo capiscono.

Nell'edificio dell'amministrazione, Gita e Cilka lavorano alla scrivania. Due ufficiali delle SS si rivolgono a loro senza preavviso. Cilka sussulta quando uno l'afferra per un braccio, tirandola su in piedi. Gita osserva Cilka che viene condotta fuori dalla stanza, si gira a guardarla con occhi confusi e imploranti. Non vede l'ufficiale amministrativo delle SS avvicinarsi finché una mano non la colpisce in testa: un chiaro messaggio affinché si rimetta a lavorare.

Cilka cerca di resistere mentre viene trascinata per un lungo corridoio verso una parte sconosciuta dell'edificio. Non può competere con i due uomini che, fermatisi davanti a una porta chiusa, la aprono e, letteralmente, buttano dentro Cilka. Lei si rialza e si guarda attorno. Un grande letto a baldacchino domina la stanza. Ci sono anche una toeletta e un comodino con una lampada e una sedia. Qualcuno è seduto sulla sedia. Cilka lo riconosce, è il Lagerführer Schwarzhuber, il comandante maggiore di Birkenau. È un uomo imponente, che si vede di rado nel campo. È seduto e si picchietta l'alto stivale di pelle con il manganello. Con un volto inespressivo fissa un punto al di sopra della testa di Cilka, che indietreggia verso la porta. La sua mano afferra la maniglia. In un lampo il manganello viene scagliato nell'aria e le colpisce la mano. Cilka urla di dolore e si accascia sul pavimento.

Schwarzhuber va verso di lei e raccoglie il manganello. Si ferma in piedi sopra la ragazza e dilata le narici. Respira rumorosamente e la fissa. Si toglie il cappello e lo fa volare nella stanza. Con l'altra mano continua a picchiare energicamente il manganello sulla gamba. A ogni colpo Cilka trasalisce, aspettandosi di essere percossa. Lui invece lo usa per sollevarle la camicia. Comprendendo ciò che si aspetta da lei, con mani tremanti Cilka slaccia i primi due bottoni in alto. A questo punto Schwarzhuber le mette il manganello sotto il mento e la costringe ad alzarsi. Quell'uomo la sovrasta e i suoi occhi sembrano non vedere nulla. È un individuo la cui anima è morta e il cui corpo è in attesa di raggiungerla.

Lui protende entrambe le braccia e Cilka interpreta questo gesto come "spogliami". Fa un passo in avanti, mantenendosi a debita distanza, e comincia a slacciare i numerosi bottoni della divisa. Una manganellata sulla schiena la fa accelerare. Schwarzhuber è costretto a lasciar cadere il manganello così lei può sfilargli la giacca. Lui gliela strappa di mano e la getta nella stessa direzione del cappello. Si toglie la canottiera. Cilka comincia a slacciargli la cintura e ad aprirgli la cerniera. Inginocchiandosi gli abbassa i pantaloni alle caviglie, ma non riesce a toglierli a causa degli stivali.

Cilka perde l'equilibrio e cade con un tonfo quando lui la spinge. Lui si mette in ginocchio e le sale sopra a cavalcioni. Terrorizzata, Cilka tenta di coprirsi quando lui le strappa la camicia. Chiudendo gli occhi sente il dorso della mano dell'uomo sulla faccia e si abbandona all'inevitabile.

Quella sera Gita corre dall'ufficio alla sua baracca, con le lacrime che le scorrono lungo il viso. Poco dopo, al loro arrivo, Dana e Ivana la trovano singhiozzante sul giaciglio. È inconsolabile e riesce a dire soltanto che Cilka è stata portata via.

Era solo questione di tempo. Da quando è diventato *Tätowierer*, Lale ha una baracca intera tutta per sé. Rientrando, ogni giorno, ha notato i progressi nella costruzione degli edifici tutt'attorno. È in un campo chiaramente definito e lui dorme nella stanza singola che, in ogni blocco, è solitamente riservata al kapò, anche se lui non è il kapò di nessuno. Ha sempre immaginato che prima o poi i letti vuoti dietro di lui si sarebbero riempiti.

Quel giorno Lale ritorna alla sua baracca e guarda i bambini che corrono tutt'intorno e giocano ad acchiapparella. La vita non sarà più la stessa nel blocco. Molti dei bambini più grandi si radunano intorno a lui e gli fanno domande che non riesce a capire. Scoprono di riuscire a comunicare in una forma imbastardita di ungherese. Lui mostra la sua stanza a quelli che condividono il suo blocco e intima loro, con la voce più severa possibile, che non devono entrarci, mai e poi mai. Sa che lo capiscono, ma rispetteranno l'ordine? Solo il tempo potrà dirlo. Ripensa alla sua limitata conoscenza della cultura gitana e si domanda se non sia il caso di trovare un altro posto dove conservare ciò che tiene sotto il materasso.

Entra nel blocco, stringe la mano di molti uomini, saluta le donne con un cenno, soprattutto quelle più anziane. Sanno che cosa fa lì, ma lui cerca di spiegarlo ulteriormente. Vogliono sapere che cosa ne sarà di loro. Una domanda ragionevole alla quale lui non ha risposta. Promette che riferirà loro qualsiasi cosa senta che possa riguardarli. Sembrano grati. Molti gli dicono di non avere mai parlato a un ebreo prima. Anche lui pensa di non avere mai parlato a uno zingaro.

Quella notte fa fatica a addormentarsi e cerca di abituarsi al pianto dei neonati e ai bambini che chiedono ai genitori qualcosa da mangiare.

10.

Nel giro di qualche giorno Lale è nominato rom onorario. Ha imparato che il termine «zingaro» è spesso usato con disprezzo da chi non è rom. Ogni volta che rientra in quello che ora è ufficialmente chiamato «campo nomadi», viene salutato da ragazzini e ragazzine che lo circondano e gli chiedono di giocare o tirare fuori il cibo dalla borsa. Sanno che vi ha accesso, ne ha condiviso un po' con loro, ma lui spiega che dà quel che può agli adulti affinché lo ripartiscano tra chi ne ha più bisogno. Molti adulti si rivolgono quotidianamente a Lale chiedendogli se ha novità riguardo alla loro sorte, e lui assicura che riferirà qualsiasi cosa senta. Suggerisce loro di accettare la situazione nel miglior modo possibile. E raccomanda di organizzare un qualche tipo di istruzione per i bambini, anche se limitata al racconto di storie sul loro paese, la loro famiglia e la loro cultura.

Lale è felice che accolgano questi suggerimenti e si rallegra che le donne più anziane rivestano il ruolo di insegnanti. Nota in loro una minuscola scintilla che prima non c'era. Naturalmente il suo ritorno alla baracca interrompe qualsiasi lezione in corso. Ogni tanto si siede con i bambini, ascolta e impara qualcosa di un popolo e di una cultura così distanti dai suoi. Spesso fa delle domande a cui le donne rispondono con piacere, istruendo ulteriormente i piccoli alunni, che sembrano più interessati quando c'è lui. Avendo trascorso tutta la sua vita in casa con la sua famiglia, l'esistenza nomade dei rom lo intriga. La sua vita di agi, la conoscenza del suo posto nel mondo, la sua istruzione e le sue esperienze sembrano banali e prevedibili se paragonate ai viaggi e alle fatiche sopportate dalla gente con cui vive adesso. Ha notato una donna sola; sembra che non abbia figli o famiglia, nessuno che si dedichi a lei o le mostri affetto. Spesso rappresenta solo due mani in più per una madre che fatica ad accudire troppi figli. Dimostra una cinquantina d'anni, anche se Lale ha imparato che spesso gli uomini e le donne rom appaiono più vecchi di quello che sono.

Una sera, dopo che entrambi hanno aiutato a mettere a letto i bambini, Lale la segue fuori.

«Grazie per l'aiuto di stasera», esordisce.

Lei gli rivolge un lieve sorriso e si siede su un mucchio di mattoni per riposarsi. «Metto i bambini a letto da quando ero una bambina anch'io. Potrei farlo a occhi chiusi.»

Lale si siede al suo fianco. «Non ne dubito. Mi sembra che tu non abbia familiari qui.»

Lei scuote triste la testa. «Mio marito e mio figlio sono morti di tifo. Sono rimasta solo io adesso. Mi chiamo Nadya.»

«Mi spiace molto, Nadya. Ascolterei volentieri la loro storia. Io sono Lale.»

Quella notte Lale e Nadya fanno le ore piccole conversando. È soprattutto Lale a parlare, mentre la donna preferisce ascoltare. Le racconta della sua famiglia in Slovacchia e del suo amore per Gita. Scopre che lei ha solo quarantun anni. Suo figlio ne aveva sei quando è morto tre anni prima, seguito due giorni dopo dal padre. Quando Lale le chiede dei consigli, Nadya gli dà risposte simili a quelle che darebbe sua madre. È questo che l'attrae in lei, che gli fa venire voglia di proteggerla come protegge Gita? Sprofonda in un'acuta nostalgia di casa. Non riesce a ignorare i suoi timori per il futuro. Pensieri neri che ha tenuto a bada, sulla sua famiglia e sulla loro sicurezza, lo tormentano. Se non può aiutarli, allora farà il possibile per la donna che ha davanti.

Qualche giorno dopo, quando rientra, un piccoletto trotterella verso di lui. Lale lo solleva tra le sue braccia. Il peso e il profumo del bimbo gli ricordano uno dei suoi nipotini che ha salutato oltre un anno prima. Sopraffatto dall'emozione, Lale posa il bambino a terra e si precipita dentro. Nessuno dei piccoli lo segue: qualcosa suggerisce loro di mantenere le distanze.

Coricato a letto, ripensa all'ultima volta che è stato con la sua famiglia. L'addio alla stazione ferroviaria prima di salire sul treno che l'avrebbe portato a Praga. Sua madre l'aveva aiutato a fare i bagagli. Si asciugava le lacrime e intanto continuava a tirare fuori i vestiti che lui vi aveva messo per sostituirli con dei libri «per confortarti e ricordarti di casa, ovunque tu vada a finire».

Mentre stava per salire sul convoglio, per la prima volta Lale aveva visto le lacrime negli occhi del padre. Se le aspettava da chiunque altro, ma non dal genitore, forte e sicuro. Dal finestrino del vagone aveva visto il fratello e la sorella che sorreggevano il padre che si allontanava. Sua madre era corsa lungo tutto il binario, le braccia protese, cercando disperatamente di afferrare quelle del suo bambino. I suoi due nipotini, ignari del mondo che mutava, correvano con innocenza lungo la ferrovia, dando la caccia al treno.

Stringendo la valigia che conteneva solo i vestiti e i pochi libri che aveva permesso a sua madre di mettergli dentro, Lale aveva appoggiato la testa contro il finestrino, singhiozzando. Era rimasto così coinvolto dalle emozioni dei familiari da non essersi reso conto quanto la sua perdita l'avesse devastato.

Rimproverandosi per essersi fatto travolgere dalla sua situazione, ora Lale torna fuori e rincorre i bambini, lasciando che lo acchiappino e gli si arrampichino addosso. "A che servono gli alberi quando si ha un *Tätowierer* a cui appendersi?" Quella sera si unisce a un gruppo di uomini seduti all'esterno delle baracche. Si scambiano racconti di vita familiare, ammaliati dalle differenze e dalle somiglianze tra le loro culture. Con l'emozione della giornata ancora alle stelle, Lale dice: «Sapete, in un'altra vita non avrei avuto nulla da spartire con voi. Probabilmente avrei girato la testa o attraversato la strada se mi foste venuti incontro».

Cala un silenzio che dura parecchi istanti, prima che uno degli uomini si faccia sentire.

«Ehi, *Tätowierer*, in un'altra vita neanche noi avremmo avuto nulla da spartire con te. Avremmo attraversato per primi la strada.»

Le risate che seguono inducono una delle donne a uscire e a dir loro di fare silenzio: sveglieranno i bambini e allora saranno guai. Gli uomini si ritirano all'interno, debitamente rimproverati. Lale si trattiene fuori. Non è abbastanza stanco per dormire. Avverte la presenza di Nadya e, quando si gira, la vede in piedi sulla porta.

«Vieni qui», le dice.

Nadya si siede accanto a lui, con lo sguardo perso nella notte. Lale studia il profilo del suo volto. È molto bella. I capelli, che non sono stati rasati, le scendono a cascata sulle spalle. La brezza leggera che soffia intorno al suo viso li fa svolazzare e la costringe a sistemarseli in continuazione dietro le orecchie. È un gesto così familiare, un gesto che sua madre ripeteva tutto il giorno, tutti i giorni, ogni volta che ciocche ostinate sfuggivano dalla crocchia compatta in cui li raccoglieva, o da sotto il foulard che li nascondeva quando non erano raccolti. Parla con la voce più calma che abbia mai sentito. Non sussurra: è proprio la sua voce. Infine Lale capisce che cosa lo rattrista in quella voce. È priva di emozioni. Sia che riporti storie di tempi felici con la sua famiglia sia che parli della tragedia di essere lì, il tono non cambia.

«Che cosa significa il tuo nome?» le chiede.

«Speranza. Significa speranza.» Nadya si alza. «Buona notte», dice.

E se ne va prima che Lale possa ribattere.

11.

maggio 1943

La vita quotidiana di Lale e Leon è sempre scandita dai carichi che giungono da tutta Europa. Non cessano di arrivare nemmeno quando la primavera diventa estate.

Quel giorno stanno lavorando con lunghe file di prigioniere. Il processo di selezione avviene a breve distanza da loro, troppo occupati per prestarvi attenzione. Un braccio e un pezzo di carta compaiono davanti al tavolo e loro fanno il proprio dovere. Senza sosta. I prigionieri sono insolitamente tranquilli, forse avvertono il male nell'aria. All'improvviso Lale sente qualcuno che si mette a fischiare. La melodia gli è familiare, forse è un'opera. Il fischio si fa più forte e Lale guarda nella sua direzione. Un uomo in camice bianco sta camminando verso di lui. Lale abbassa la testa, tentando di mantenere il ritmo di lavoro. "Non guardarli in faccia." Prende il foglio, tatua il numero, come ha fatto già migliaia di volte.

Il fischio s'interrompe. Ora il dottore è di fianco a Lale ed emana un odore pungente di disinfettante. Chinandosi, ispeziona il suo lavoro e afferra il braccio che ha già tatuato per metà. Dev'essere soddisfatto perché se ne va alla stessa velocità con cui è arrivato, imbastardendo un'altra melodia. Lale alza lo sguardo verso Leon, che è impallidito. Accanto a loro si materializza Baretski.

«Che cosa ne pensate del nostro nuovo dottore?»

«In realtà non si è presentato», mormora Lale.

Baretski ride. «Questo è un medico a cui non vorresti essere presentato, fidati. *Io* ho paura di lui. Quel tizio è un mostro.»

«Sa il suo nome?»

«Mengele, *Herr Doktor* Josef Mengele. Ricordati di questo nome, *Tätowierer.*»

«Che cosa ci faceva alla selezione?»

«*Herr Doktor* ha fatto sapere che sarà presente a molte selezioni, perché sta cercando dei pazienti particolari.»

«Suppongo che essere malati non sia il suo criterio di scelta.»

Baretski si piega in due dal ridere. «A volte sai essere proprio spiritoso, *Tätowierer.*»

Lale riprende a lavorare. Un po' più tardi sente ancora fischiettare alle sue spalle, e quel suono gli inietta in corpo un terrore tale che la mano gli scivola e ferisce la giovane donna che sta tatuando. Lei lancia un urlo. Lale asciuga il sangue che le sgocciola giù dal braccio. Mengele si avvicina.

«Qualcosa che non va, *Tätowierer*? Sei il *Tätowierer*, vero?» chiede Mengele.

Udendo la sua voce Lale sente un brivido gelido corrergli lungo la spina dorsale.

«Signore, voglio dire, sì, signore... Sono il *Tätowierer, Herr Doktor*», balbetta Lale.

Mengele, ora di fianco a lui, lo guarda dall'alto in basso, gli occhi neri come carbone, privi di compassione. Uno strano sorriso gli attraversa il volto, dopodiché si allontana.

Baretski si avvicina e sferra forte un pugno contro il braccio di Lale. «Giornata pesante, *Tätowierer*? Forse preferisci fare pausa e pulire le latrine?»

Quella notte Lale cerca di lavare via dalla sua camicia il sangue rappreso usando l'acqua di una pozzanghera. In parte ci riesce, ma poi decide che una macchia sarà un ricordo appropriato del giorno in cui ha conosciuto Mengele. Un medico, teme, che provocherà più dolore di quello che lenisce, la cui esistenza rappresenta una minaccia che Lale non riesce neanche a immaginare. Sì, deve restare una macchia per rammentargli il pericolo che è entrato nella sua vita. Deve sempre stare attento a quell'uomo, la cui anima è più fredda del suo bisturi.

Il giorno dopo Lale e Leon si ritrovano nuovamente ad Auschwitz per tatuare delle giovani donne. È lì anche il dottore che fischietta. Si piazza davanti alla processione di ragazze e ne decide la sorte con un guizzo della mano: destra, sinistra, destra, destra, sinistra, sinistra. Lale non scorge alcuna logica nelle sue decisioni. Le prigioniere sono tutte nel fiore degli anni, in forma e in salute. Vede Mengele che lo osserva ed è osservato. Lale non riesce a distogliere lo sguardo quando il medico afferra il viso della ragazza successiva tra le sue grandi mani, lo gira avanti e indietro, su e giù, e le apre la bocca. Poi, con uno schiaffo in faccia, la spinge verso sinistra. Respinta. Lale lo fissa. Mengele chiama un ufficiale delle SS e gli parla. L'ufficiale guarda verso Lale e comincia ad avanzare verso di lui. "Merda."

«Che cosa vuole?» chiede, più sicuro di sé di quanto non si senta in realtà.

«Taci, *Tätowierer.*» L'ufficiale delle SS si rivolge a Leon: «Lascia le tue cose e vieni con me».

«Aspetti un attimo, non può prenderlo. Non vede quanta gente c'è ancora da fare?» chiede Lale, ormai terrorizzato.

«Allora è meglio che tu vada avanti a lavorare se non vuoi restare qui tutta la notte, *Tätowierer. Herr Doktor* non ne sarebbe felice.»

«Lo lasci, per favore. Ci faccia continuare il nostro lavoro. Mi spiace se ho fatto qualcosa che ha irritato *Herr Doktor*», si scusa Lale.

L'ufficiale gli punta addosso il fucile.

«Vuoi venire anche tu, *Tätowierer*?»

Leon dice: «Vado, Lale, è tutto a posto. Torno non appena possibile».

«Mi spiace, Leon.» Lale non riesce più a guardare il suo amico.

«Va bene. Andrà tutto bene. Torna a lavorare.»

Leon viene scortato via.

Quella sera Lale, pieno d'angoscia, ritorna a Birkenau da solo, a testa bassa e con passo pesante. Qualcosa appena fuori dal sentiero cattura il suo sguardo: un lampo di colore. Un fiore, un unico fiore, che si agita alla brezza. Petali rosso sangue attorno a un cuore nero corvino. Si guarda attorno cercandone altri, ma non ce ne sono. Eppure è un fiore, e lui si domanda quando potrà regalare dei fiori a qualcuno a cui vuole bene. Gli vengono in mente immagini di Gita e di sua madre, le due donne che ama di più, entrambe sospese al di là della sua portata. Il dolore arriva a ondate e minaccia di travolgerlo. "S'incontreranno mai le due donne? La più giovane imparerà dalla più vecchia? La mamma accoglierà e amerà Gita come la amo io?"

Con la madre aveva imparato e praticato l'arte di flirtare. Sebbene fosse abbastanza sicuro che lei non si rendesse conto di ciò che lui faceva, lui lo sapeva, sapeva che cosa stava facendo, sapeva che cosa funzionava con lei e che cosa no, e aveva scoperto in fretta quale comportamento era appropriato e quale no tra un uomo e una donna. Sospettava che tutti gli uomini giovani affrontassero questo processo d'apprendimento con le loro madri, anche se spesso si chiedeva se se ne rendessero conto. Ne aveva accennato a parecchi suoi amici, che avevano reagito scioccati, sostenendo di non fare una cosa simile. Quando però poi gli domandava come riuscissero a ottenere di più dalla madre che dal padre, tutti ammettevano un comportamento che si poteva definire «flirt»: pensavano di convincere la mamma perché era più malleabile del papà. Lui invece sapeva che cosa faceva.

Il legame emotivo di Lale con la madre aveva plasmato il modo in cui si sentiva attratto dalle ragazze e dalle donne. Era attratto da tutte le donne, non soltanto fisicamente, ma emotivamente. Amava parlare con loro, amava farle sentire bene con sé stesse. Per lui tutte le donne erano belle e pensava che non ci fosse nulla di male a dirglielo. Sua madre e sua sorella gli avevano insegnato in maniera subliminale che era quello che una donna voleva da un uomo e, finora, aveva passato la vita a tener fede a quelle lezioni. «Stai attento, Lale, e ricorda che le piccole e le grandi cose si sommano.» Sentiva ancora la voce dolce della madre.

Si china e stacca il gambo corto. Domani troverà il modo di darlo a Gita. Tornato nella sua stanza, posa con delicatezza il fiore prezioso accanto al letto prima di sprofondare in un sonno senza sogni. La mattina seguente i petali si sono staccati e giacciono accartocciati attorno al cuore nero. “In questo luogo perdura solo la morte.”

12.

Lale non vuole guardare il fiore, quindi esce dalla baracca per buttarlo via. Baretski è lì, ma Lale lo ignora e preferisce rientrare nella sua stanza. L'ufficiale lo segue e si appoggia allo stipite. Osserva attentamente Lale che, con aria sconvolta, è conscio di sedere su un tesoro informe di gemme, denaro, salsicce e cioccolato. Tiene stretta la borsa e passa davanti a Baretski, costringendolo a voltarsi e a seguirlo fuori.

«Aspetta, *Tätowierer*! Devo parlarti.»

Lale si ferma.

«Ho una richiesta per te.»

Lale resta in silenzio, fissando un punto sopra la spalla di Baretski.

«Noi, voglio dire, io e gli altri ufficiali, vogliamo spassarcela un po' e visto che il tempo migliora pensavamo a una partita di calcio. Che ne dici?»

«Sono sicuro che vi divertirete.»

«Sì, certo.»

Baretski sta al gioco e aspetta che Lale continui.

Il tatuatore strizza gli occhi. «E io come posso aiutarvi?»

«Be', ora che me lo chiedi, *Tätowierer*, abbiamo bisogno che tu ci trovi undici prigionieri per sfidare una squadra di SS in una partita amichevole.»

Lale è tentato di mettersi a ridere, ma tiene lo sguardo fisso sul punto sopra la spalla di Baretski. Pensa a lungo e attentamente alla risposta da dare a questa bizzarra richiesta.

«Cosa? Niente panchina?»

«Niente panchina.»

«Certo, perché no?» "E questa da dove mi è venuta? Ci sono un milione di altre cose che potrei dire. Per esempio: 'Vaffanculo'."

«Bene, fantastico! Metti insieme la tua squadra e ci incontriamo al campo tra due giorni, domenica. Ah, e la palla la portiamo noi.» Ridendo sguaiatamente Baretski si allontana. «A proposito, *Tätowierer*, puoi prenderti la giornata libera. Non sono previsti arrivi oggi.»

Lale passa gran parte della giornata a dividere il suo tesoro in piccoli fagotti. Cibo per i rom e per i ragazzi del Blocco 7, e naturalmente per Gita. Gemme e denaro suddivisi per tipo. Il procedimento è surreale. Diamanti con diamanti, rubini con rubini, dollari con dollari, e valute che non ha mai visto prima, con sopra la scritta *South African Reserve Bank* e *Suid-Afrikaanse Reserwebank.* Non ha idea del loro valore o di come quella roba sia finita a Birkenau. Dopo avere afferrato una manciata di pietre preziose va in cerca di Victor e Yuri per gli acquisti del giorno. Poi gioca un po' con i ragazzi della sua baracca mentre prova a formulare ciò che dirà agli uomini del Blocco 7 al loro ritorno dal lavoro. La sera Lale è circondato da decine di prigionieri che lo guardano increduli.

«Questo è uno scherzo del cazzo», dice uno di loro.

«No», ribatte Lale.

«Vuoi che giochiamo a calcio con quelle cazzo di SS?»

«Sì, la prossima domenica.»

«Be', io non ci sto. Non puoi costringermi», replica lo stesso uomo.

Dal fondo del gruppo una voce esclama: «Io gioco. Ho giocato un po'». Un piccoletto si fa strada in mezzo alla folla e si piazza davanti a Lale. «Io sono Joel.»

«Grazie, Joel. Benvenuto nella squadra. Me ne servono altri dieci. Che cos'avete da perdere? Questa è la vostra unica possibilità di usare un po' le maniere forti con quei bastardi e farla franca.»

«Conosco un tizio nel Blocco 15 che ha giocato nella nazionale ungherese. Gli chiedo se vuole partecipare, che ne dici?» salta su un altro prigioniero.

«E tu?» chiede Lale.

«Sì, certo. Anch'io mi chiamo Joel. Chiedo in giro e vedo chi trovo. Ci sarà modo di allenarsi un po' prima di domenica?»

«Gioca a calcio e ha senso dell'umorismo. Questo ragazzo mi piace. Torno domani sera per vedere cos'hai combinato. Grazie, Grande Joel.» Lale lancia un'occhiata all'altro Joel. «Senza offesa, eh.»

«Nessuna offesa», risponde Piccolo Joel.

Lale estrae pane e salsiccia dalla borsa e li posa su un letto lì accanto. Uscendo osserva due degli uomini distribuire il cibo. A loro volta, chi lo riceve divide la sua razione in pezzettini minuscoli e li condivide con altri. Niente sgomitate, niente liti, una distribuzione ordinata di nutrimento vitale. Sente qualcuno dire: «Ecco, Grande Joel, prendi il mio... ti serve energia». Lale sorride. Un giorno iniziato male si conclude con un gesto magnanimo da parte di un uomo che muore di fame.

Il giorno della partita è arrivato. Lale entra nel campo principale e vede le SS che dipingono per terra una linea bianca ben lungi dal formare un rettangolo. Sente che qualcuno lo chiama per nome e trova la sua «squadra» radunata. Si unisce agli uomini.

«Ehi, Lale, ho quattordici giocatori, contando anche me e te, tre di riserva nel caso in cui qualcuno di noi cada», gli dice orgoglioso Grande Joel.

«Mi spiace, ma hanno detto no alla panchina. Solo una squadra. Scegli quelli più allenati.»

Gli uomini si guardano tra loro. Tre mani si alzano e quelli che volontariamente hanno deciso di non partecipare si allontanano. Lale osserva gli altri che si stirano e saltellano su e giù come i professionisti quando si riscaldano.

«Alcuni di questi ragazzi hanno l'aria di sapere quel che fanno», dice Lale a Piccolo Joel.

«Dovrebbero. Sei di loro hanno giocato da semiprofessionisti.»

«Stai scherzando!»

«No, li faremo neri!»

«Piccolo Joel, non puoi... Non possiamo vincere! Forse non mi sono spiegato bene.»

«Mi hai detto di mettere insieme una squadra, e io l'ho fatto.»

«Sì, ma non possiamo vincere. Non possiamo fare niente che li umili. Non dobbiamo spingerli ad aprire il fuoco su tutti quanti. Guardati attorno.»

Piccolo Joel vede centinaia di prigionieri riuniti. Ai bordi del campo c'è un'atmosfera eccitata, con la gente che spintona e sgomita per conquistarsi un punto di osservazione privilegiato attorno al perimetro dell'area di gioco dipinto a terra. «Lo dico agli altri.»

Lale passa in rassegna la folla in cerca di un unico volto. Gita è lì con le sue amiche e gli rivolge un cenno furtivo. Lui risponde con un altro cenno, anche se vorrebbe disperatamente correre da lei, sollevarla tra le braccia e scomparire dietro l'edificio dell'amministrazione. Sente qualcuno picchiare forte e, girandosi, vede numerose SS che infilano grossi pali nel terreno per fare da porta.

Baretski gli si avvicina. «Vieni con me.»

A un'estremità del campo la folla dei prigionieri si divide quando una squadra di SS si dirige verso Lale e Baretski. Nessuno di loro indossa l'uniforme. Molti portano indumenti che rendono più facile giocare a calcio. Pantaloncini, canottiere. Dietro la squadra il comandante Schwarzhuber e il capo di Lale, Houstek, pesantemente scortati, si avvicinano a Lale e a Baretski.

«Questo è il capitano della squadra dei prigionieri, il *Tätowierer.*» Così Baretski presenta Lale a Schwarzhuber.

«*Tätowierer!*» Si gira verso una delle sue guardie. «Abbiamo qualcosa per cui possiamo giocare?»

Un SS anziano prende un grosso trofeo sportivo dalle mani di un soldato accanto a lui e lo moFUTURASSISTANCEstra al comandante. «Abbiamo questo. Credo che andrà benissimo.» Mostra una coppa a Lale. «Che cosa ne pensi?»

Prima che Lale possa rispondere, Schwarzhuber afferra il trofeo e lo solleva affinché tutti lo vedano. Le SS inneggiano. «Che la partita abbia inizio e che vinca la squadra migliore!»

Tornando verso i suoi, Lale mormora: «Che la squadra migliore sopravviva per vedere il sole sorgere domani».

Lale raggiunge i suoi giocatori, che si stanno riunendo a metà campo. L'arbitro calcia il pallone verso la squadra delle SS e la partita comincia.

A dieci minuti dall'inizio i prigionieri sono in vantaggio due a zero. Se da un lato Lale è contento per i gol, il buonsenso prevale quando vede l'ira sul volto delle SS. Con astuzia fa sapere ai suoi giocatori di rallentare per il resto del primo tempo. Hanno avuto il loro momento di gloria, adesso è ora di far entrare le guardie in partita. Il primo tempo finisce due pari. Durante l'intervallo, mentre le SS si dissetano, Lale riunisce la sua squadra per discutere la tattica. Alla fine riesce a far capire loro che non possono vincere la partita. Concordano che per sollevare il morale dei prigionieri che la guardano possono segnare ancora due gol, purché alla fine perdano con lo scarto di una rete.

All'inizio del secondo tempo, su giocatori e spettatori comincia a piovere cenere. Il crematorio è in funzione: l'attività principale di Birkenau non è stata interrotta dallo sport. Viene segnato un altro gol per i prigionieri e un altro per le SS. Come comincia a rivelare la loro dieta spaventosamente inadeguata, i prigionieri sono stanchi. Le SS segnano altre due reti. I prigionieri non hanno più bisogno di truccare la partita: semplicemente, non sono più in grado di competere. Con i soldati in vantaggio di due gol, l'arbitro fischia la fine. Schwarzhuber si avvia verso il campo e consegna il trofeo al capitano delle SS, che lo solleva presentandolo alle acclamazioni trattenute delle guardie e degli ufficiali presenti. Quando le SS fanno ritorno ai loro alloggi per festeggiare, Houstek passa davanti a Lale.

«Bella partita, *Tätowierer.*»

Lale raccoglie la sua squadra e dice loro che se la sono cavata benissimo. La folla ha cominciato a disperdersi. Lui si guarda attorno in cerca di Gita, che non si è mossa dal suo posto. Si precipita da lei e la prende per mano. Si fanno strada tra gli altri prigionieri, incamminandosi verso l'edificio amministrativo. Quando Gita si lascia cadere a terra sul retro, Lale si guarda in giro per vedere se ci sono occhi indiscreti. Soddisfatto, si siede accanto a lei e vede che pettina l'erba con le dita esaminandola con attenzione.

«Che cosa fai?»

«Cerco un quadrifoglio. Ti sorprenderebbe sapere quanti ce ne sono.»

Lale sorride, incantato. «Stai scherzando.»

«No, ne ho trovati parecchi. Ivana ne trova in continuazione. Sembri stupito...»

«Lo sono. Tu sei la ragazza che pensa che non uscirà di qui e ti vedo cercare degli amuleti portafortuna!»

«Non sono per me. È vero, io non credo in queste cose.»

«Per chi, allora?»

«Sai quanto sono superstiziose le SS? Se troviamo un quadrifoglio, lo conserviamo come un tesoro. Per noi è moneta sonante.»

«Continuo a non capire.»

«Quando siamo in pericolo per via delle guardie, gliene diamo uno e qualche volta serve a non farci picchiare. Se ne portiamo uno all'ora del pasto, magari ci danno delle razioni supplementari.»

Lale le accarezza dolcemente il viso. Prova un'angoscia enorme per il fatto di non poter proteggere la ragazza che ama. Gita torna a chinarsi e riprende a cercare tra l'erba. Ne afferra un ciuffo e lo lancia a Lale con un sorriso. Lui sorride a sua volta. Scherzosamente la spinge giù e lei finisce distesa sulla schiena. Chinandosi sulla ragazza, strappa un pugno d'erba e lo lascia piovere lentamente sul suo viso. Lei la soffia via. Un'altra manciata di erba le finisce sul collo e sul petto. La lascia lì. Lui le slaccia il primo bottone della camicia, lascia cadere altra erba e la osserva sparire tra i suoi seni.

«Posso baciarti?» chiede.

«Perché vuoi farlo? È da non so quanto che non mi lavo i denti.»

«Neppure io, quindi siamo pari, direi.»

Gita gli risponde alzando la testa verso di lui. Il loro precedente bacio ha acceso una brama che durava da un anno. Passioni represse esplodono mentre si esplorano a vicenda.

Si desiderano, hanno bisogno ancora di più l'uno dell'altra. L'erba, con i suoi quadrifogli, è l'unica testimone del loro desiderio bruciante di stare insieme.

L'attimo è spezzato dall'abbaiare di un cane. Sentono che è vicino e sanno che ci dev'essere qualcuno che lo tiene al guinzaglio. Lale si alza e stringe Gita tra le sue braccia. Un ultimo bacio prima che ritornino alla sicurezza del recinto e della folla in cui si possono confondere.

Nel settore femminile individuano Dana, Ivana e Cilka e cominciano a camminare verso di loro. Lale nota il pallore di Cilka. «Sta bene?» chiede. «Non ha una bella cera.»

«Sta bene, per quanto lo consentano le circostanze.»

«È malata? Avete bisogno di medicinali?»

«No, non è malata. È meglio che tu non sappia nulla.»

Mentre si avvicinano alle ragazze, Lale si china verso Gita e sussurra: «Dimmelo, magari posso aiutarla».

«Questa volta no, amore mio.» Gita è accerchiata dalle ragazze e, insieme, si allontanano. Cilka, a testa bassa, arranca dietro di loro.

"Amore mio!"

13.

Quella sera Lale è coricato sul suo letto e, da che si ricordi, non è mai stato così felice.

Sul suo giaciglio, Gita è rannicchiata addosso a Dana, che dorme, e fissa l'oscurità con gli occhi spalancati, rivivendo i momenti trascorsi con Lale, i baci ricevuti, il desiderio del suo corpo che lui continuasse e si spingesse oltre. Si sente avvampare in viso quando con la mente si diletta a fantasticare sul loro prossimo incontro.

In un grande letto a baldacchino Schwarzhuber e Cilka sono l'una tra le braccia dell'altro. Le mani dell'uomo esplorano il corpo della ragazza, mentre lei guarda nel vuoto e non prova nulla. Inerte.

Nella sua sala da pranzo privata ad Auschwitz, Höss è seduto a una tavola elegante apparecchiata per una persona. Pietanze prelibate in piatti di fine porcellana. Si versa un Château Latour del 1932 in un calice di cristallo. Lo fa roteare, annusa il vino e lo assaggia. Non permetterà alle tensioni e alle apprensioni del suo lavoro di rovinare i piccoli piaceri della vita.

Baretski, ubriaco, barcolla nella sua stanza nella caserma di Auschwitz. Chiudendo la porta con un calcio inciampa e crolla goffamente sul letto. Con difficoltà si toglie il cinturone che contiene la sua arma e lo appende alla colonna del letto. Sdraiato sul materasso si accorge della luce che, ancora accesa, dal soffitto gli splende negli occhi. Dopo un tentativo fallito di alzarsi, afferra a tentoni la sua pistola e la estrae dalla fondina. Con il secondo colpo uccide la lampadina recalcitrante. L'arma gli cade a terra e lui perde i sensi.

La mattina dopo Lale fa l'occhiolino a Gita mentre riceve da Bella il materiale e le istruzioni nell'ufficio dell'amministrazione. Il sorriso gli muore sulle labbra quando nota Cilka seduta accanto a Gita che, a testa bassa, continua a ignorarlo. "Questa storia va avanti da troppo tempo." Decide di costringere Gita a dirgli che cosa succede a Cilka. Fuori incontra Baretski, molto arrabbiato e in preda ai postumi della sbronza.

«Spicciati, c'è un camion che ci sta aspettando per portarci ad Auschwitz.»

Lale lo segue. Baretski monta nella cabina di guida e chiude la portiera. Lale coglie il messaggio e si arrampica dietro. Lì resiste per tutto il tragitto fino ad Auschwitz, sballottato da una parte all'altra.

Una volta arrivati, Baretski comunica a Lale che lui va a coricarsi mentre il tatuatore deve dirigersi al Blocco 10. Quando Lale lo trova, l'ufficiale delle SS che lo piantona lo manda sul retro. Lale nota che è diverso dai blocchi di Birkenau.

La prima cosa che scorge girando l'angolo dell'edificio è la rete metallica che delimita parte del cortile posteriore. A poco a poco nota dei piccoli movimenti nell'area recintata. Incespica in avanti, sbalordito da ciò che c'è oltre la rete: ragazze, a dozzine, nude, molte distese, alcune sedute, altre in piedi, quasi tutte immobili. Paralizzato, vede una guardia entrare nella recinzione e camminare in mezzo alle ragazze, sollevando loro il braccio sinistro, in cerca di un numero, probabilmente tatuato da Lale. Quando la guardia ha trovato la ragazza desiderata, la trascina in mezzo agli altri corpi. Lale osserva i volti delle ragazze. Assenti. Muti. Parecchie sono appoggiate alla rete metallica. Diversamente dalla rete che rinchiude lui e gli altri ad Auschwitz e Birkenau, questa non è elettrificata. A loro è stata sottratta la possibilità di distruggersi da sole.

«Chi sei?» chiede una voce dietro di lui.

Lale si volta. Un ufficiale delle SS è uscito da una porta sul retro. Lentamente lui solleva la borsa.

«Il *Tätowierer.*»

«Allora che cosa fai impalato lì fuori? Entra!»

Uno o due tra medici e infermiere lo salutano distrattamente mentre attraversa uno stanzone, dirigendosi a una scrivania. Lì i prigionieri non sembrano esseri umani, ma marionette abbandonate dai loro burattinai. Lale si avvicina all'infermiera seduta alla scrivania e solleva la borsa.

«*Tätowierer.*»

Lei lo guarda con disgusto, sogghigna, si alza e si allontana. Lui la segue. Lo conduce per un lungo corridoio e lo fa entrare in una grande stanza. Ci sono una cinquantina di ragazze in fila. In silenzio. Nel locale c'è un odore acre. A capo della fila Mengele sta esaminando una delle ragazze: le apre brutalmente la bocca, le afferra i fianchi, poi i seni, mentre le lacrime le scendono in silenzio lungo il viso. Terminata la visita, con un gesto la manda a sinistra. Respinta. Un'altra ragazza viene condotta a forza nel posto che si è liberato. L'infermiera accompagna Lale da Mengele, che interrompe l'esame.

«Sei in ritardo», dice con una smorfia, godendo palesemente del disagio di Lale. Gli indica un gruppetto di ragazze alla sua destra.

«Queste le tengo. Tatua i loro numeri.»

Lale si muove.

«Un giorno – presto – prenderò anche te, *Tätowierer.*»

Lale si gira e le vede, quelle labbra tese in un sorriso perverso. E di nuovo sente un brivido percorrergli il corpo. Le mani gli tremano. Accelera il passo e si affretta a raggiungere un tavolino dove è seduta un'altra infermiera con un mazzo di schede identificative pronte, che gli fa spazio. Lale cerca di controllare il tremito delle mani mentre allinea gli strumenti e le boccette d'inchiostro. Intanto dà un'occhiata a Mengele che ha davanti a sé un'altra ragazza terrorizzata e le passa le mani tra i capelli e sul seno.

«Non avere paura, non ti faccio male», le dice il medico.

Lale vede la ragazza rabbrividire per la paura.

«Su, su. Sei al sicuro, questo è un ospedale. Curiamo la gente, qui.»

Mengele si gira verso un'infermiera. «Prenda una coperta

per questa bella signorina.» Rivolgendosi ancora alla ragazza, continua: «Mi prenderò cura di te».

La giovane viene mandata da Lale, che abbassa la testa e si prepara a prendere il ritmo per tatuare i numeri che l'infermiera ausiliaria gli mostra.

Quando il suo lavoro è terminato, Lale esce dall'edificio e guarda di nuovo nell'area recintata. È vuota. Si accascia a terra e ha dei conati secchi. Non ha niente da vomitare, l'unico liquido che ha in corpo sono le sue lacrime.

Quella sera Gita ritorna alla sua baracca e scopre che ci sono parecchi nuovi arrivi. Le residenti di più antica data guardano le nuove arrivate con ostilità. Non vogliono parlare con loro degli orrori che le attendono, né condividere le proprie razioni.

«Gita, sei tu, Gita?» chiama una voce flebile.

La ragazza si avvicina al gruppo di donne, molte delle quali sembrano piuttosto in là con gli anni. Le anziane si vedono di rado al campo di Birkenau, che ospita le giovani in grado di lavorare. Una donna fa un passo avanti, le braccia tese. «Gita, sono io, la tua vicina di casa, Hilda Goldstein.»

Gita la fissa e all'improvviso riconosce una vicina della sua città natale di Vranov nad Topl'ou, più pallida e magra di quando l'ha vista l'ultima volta.

I ricordi inondano Gita. Profumi, trame e lampi dal passato: una porta familiare, l'aroma di zuppa di pollo, una saponetta crepata sul lavello di cucina, voci felici nelle calde notti estive, le braccia di sua madre.

«Signora Goldstein...» Gita si avvicina e stringe le mani della donna. «Hanno preso anche lei.»

L'altra annuisce. «Ci hanno portati via tutti forse una settimana fa. Mi hanno separata dagli altri e mi hanno messa su un treno.»

Un barlume di speranza. «I miei genitori e le mie sorelle sono con lei?»

«No, li hanno portati via parecchi mesi fa. I tuoi genitori e le tue sorelle. I tuoi fratelli sono scappati da un sacco di tempo, tua madre diceva che erano entrati nella resistenza.»

«Sa dove li hanno portati?»

La signora Goldstein abbassa la testa. «Mi spiace. Ci hanno detto che sono... sono...»

Gita crolla a terra nell'istante in cui Dana e Ivana si precipitano verso di lei, si siedono sul pavimento e l'abbracciano. Sopra di loro la signora Goldstein continua a parlare. «Mi dispiace, mi dispiace...» Dana e Ivana piangono mentre stringono Gita, che invece ha gli occhi asciutti. Le mormorano le loro condoglianze. *Morti.* Non le vengono più ricordi adesso. Dentro di sé sente un vuoto terribile. Si gira verso le sue amiche e chiede con voce esitante e spezzata: «Pensate che ora possa piangere? Solo un pochino?».

«Vuoi pregare con noi?» chiede Dana.

«No, solo qualche lacrima. È l'unica cosa che concedo a questi assassini.»

Ivana e Dana si asciugano il pianto dal viso con il dorso della manica e osservano i goccioloni muti che scorrono lungo le guance di Gita. Fanno a turno ad asciugarli. Trovando una forza che non sapeva di possedere, Gita si alza e abbraccia la signora Goldstein. Attorno a lei avverte la compassione delle compagne che assistono al suo momento di dolore. Continuano a guardare in silenzio, ognuna di loro entra nel luogo buio della propria disperazione, del non sapere che fine ha fatto la sua famiglia. A poco a poco, i due gruppi di donne – le detenute anziane e le nuove arrivate – si uniscono.

Dopo cena Gita si siede con la signora Goldstein, che la aggiorna sugli eventi nella loro cittadina natale e su come, lentamente, famiglia per famiglia, è stata distrutta. Racconti dai campi di concentramento sono trapelati fino a loro. Nessuno sapeva di preciso che erano stati trasformati in catene di montaggio della morte, ma avevano capito che la gente non tornava indietro. Eppure erano pochi quelli che avevano lasciato le loro case per cercare un riparo sicuro nei paesi confinanti. Gita si rende conto che la signora Goldstein non sopravviverà a lungo se sarà costretta a lavorare nel campo. È più vecchia degli anni che ha ed è fisicamente ed emotivamente devastata.

La mattina seguente la ragazza si rivolge alla loro kapò per chiederle un favore. Pregherà Lale di farle avere qualsiasi cosa desideri se riuscirà a tenere la signora Goldstein lontana dai lavori pesanti e a lasciarle passare la giornata nella baracca. Le proporrà che ogni sera la signora Goldstein svuoti i secchi delle latrine, un compito solitamente affidato a una persona che la kapò sceglie di giorno in giorno, spesso qualcuno che ritiene abbia parlato male di lei. Il prezzo della kapò è un anello di diamante. Ha sentito delle voci riguardo al tesoro di Lale. L'affare è fatto.

Nelle settimane seguenti Lale va ad Auschwitz ogni giorno. I cinque crematori funzionano alla massima potenza ma parecchi prigionieri devono ancora essere tatuati. Riceve le istruzioni e il materiale dall'amministrazione di Auschwitz. Non ha né tempo né bisogno di andare all'amministrazione di Birkenau, così non ha occasione di vedere Gita o di parlare con lei. Vuole recapitarle un messaggio per farle sapere che sta bene.

Baretski è di buon umore, addirittura scherzoso: ha un segreto e vuole che Lale indovini quale potrebbe essere. Lale asseconda il gioco puerile dell'ufficiale.

«Ci lasciate andare tutti a casa?»

Baretski ride e gli dà un buffetto sul braccio.

«È stato promosso?»

«Per te è meglio sperare di no, *Tätowierer*, perché altrimenti qualcuno di meno gentile di me dovrà badare a te.»

«D'accordo, mi arrendo.»

«Allora te lo dico. La settimana prossima riceverete tutti razioni e coperte supplementari per qualche giorno. La Croce Rossa verrà a ispezionare il vostro campo vacanza.»

Il cervello di Lale lavora a pieno ritmo. "Che cosa può voler dire? Il mondo esterno vedrà infine quello che accade qui?" Si sforza di tenere a bada le sue emozioni davanti a Baretski.

«Sarà interessante. Crede che questo campo supererà il test umanitario di detenzione?»

Lale vede che il cervello di Baretski gira al minimo e ne

sente quasi il ticchettio. La sua incapacità di capire lo diverte, anche se non osa sorridere.

«Sarete ben nutriti per i giorni in cui resteranno qui. Be', quelli di voi che gli faremo vedere...»

«Quindi sarà una visita controllata?»

«Ci credi stupidi?» Il militare ride.

Lale preferisce ignorare la domanda.

«Posso chiederle un favore?»

«Puoi chiedermelo», risponde Baretski.

«Se scrivo un biglietto a Gita per dirle che sto bene e sono impegnato ad Auschwitz, può farglielo avere?»

«Posso fare di meglio. Glielo dico di persona.»

«Grazie.»

Benché lui e un gruppo ristretto di prigionieri ricevano razioni supplementari per alcuni giorni, queste si esauriscono in fretta e Lale non è neppure sicuro che la Croce Rossa sia mai entrata nel campo. Baretski è più che capace di essersi inventato tutta la faccenda. Lale deve confidare che il suo messaggio venga recapitato a Gita, anche se non si fida che l'ufficiale sia così leale da farlo. Può solo aspettare e sperare che arrivi presto una domenica in cui non dovrà lavorare.

Finalmente un giorno Lale finisce presto il suo lavoro. Corre tra i campi e giunge all'amministrazione di Birkenau proprio nel momento in cui i lavoratori cominciano a lasciare l'ufficio. Attende con impazienza. Perché oggi deve essere una delle ultime a uscire? Finalmente lei appare e Lale ha un tuffo al cuore. Non perde tempo e la afferra per un braccio, portandola sul retro dell'edificio. Lei trema mentre lui la spinge contro il muro.

«Pensavo che fossi morto. Pensavo che non ti avrei più rivisto...» balbetta lei.

Lui le passa le mani sul viso. «Baretski non ti ha dato un messaggio da parte mia?»

«No, non ho ricevuto nessun messaggio.»

«Sst, va bene. Sono stato ad Auschwitz ogni giorno per settimane intere», spiega lui.

«Ho avuto tanta paura.»

«Lo so. Adesso sono qui e ho qualcosa da dirti.»
«Che cosa?»
«Prima fatti baciare.»
Si baciano, si stringono, si abbracciano appassionatamente, poi lei lo spinge via.
«Che cosa volevi dirmi?»
«Mia bella Gita. Mi hai stregato, mi sono innamorato di te.»
Gli sembra di avere atteso tutta la vita per pronunciare quelle parole.
«Perché? Perché mi dici così? Guardami. Sono brutta, sono sporca... I miei capelli... Una volta avevo dei bei capelli.»
«Mi piacciono i tuoi capelli come sono adesso e mi piaceranno come saranno in futuro.»
«Ma noi non abbiamo un futuro.»
Lale la stringe e la obbliga a guardarlo negli occhi.
«Invece sì. Per noi ci sarà un domani. Quando sono arrivato qui ho giurato a me stesso di sopravvivere a quest'inferno. Sopravvivremo e ci costruiremo una vita in cui saremo liberi di baciarci quando vogliamo e di fare l'amore quando ci va.»
Gita arrossisce e distoglie lo sguardo. Con dolcezza, lui la rigira verso di sé.
«Di fare l'amore ovunque e ogni volta che ne abbiamo voglia. Mi senti?»
Gita annuisce.
«Mi credi?»
«Vorrei, ma...»
«Niente "ma". Credimi. Adesso è meglio che torni alla tua baracca prima che la tua kapò cominci a farsi delle domande.»
Mentre Lale sta per andarsene, Gita lo tira verso di sé e lo bacia con impeto.
Interrompendo il bacio, lui dice: «Forse dovrei stare via più spesso».
«Non osare», ribatte lei, picchiandolo sul petto.

Quella sera Ivana e Dana tempestano Gita di domande riguardo all'assenza di Lale, sollevate nel vedere che la loro amica sorride di nuovo.
«Gli hai raccontato della tua famiglia?» chiede Dana.

«No.»
«E perché no?»
«Non ci riesco. È troppo doloroso parlarne... e lui era così felice di vedermi.»
«Gita, se ti ama come dice, vorrà sapere che hai perduto la tua famiglia. Vorrà consolarti.»
«Forse hai ragione, Dana, ma se glielo dico saremo tristi entrambi, e io voglio che il tempo che passiamo insieme sia diverso. Voglio dimenticare dove mi trovo e cosa è successo alla mia famiglia. E quando mi stringe tra le sue braccia, io me lo dimentico, solo per qualche breve istante. È sbagliato se voglio scappare un po' dalla realtà?»
«No, nient'affatto.»
«Mi spiace di avere la mia occasione di fuga, il mio Lale. Sapete che desidero con tutto il cuore la stessa cosa per voi due.»
«Siamo molto felici che tu abbia lui», risponde Ivana.
«È sufficiente che una di noi abbia un po' di felicità. La condividiamo con te, ce lo permetti, e per noi è abbastanza», conferma Dana.
«Però non nasconderci niente, d'accordo?» aggiunge Ivana.
«Niente segreti», dice Gita.
«Niente segreti», ribadisce Ivana.

14.

La mattina dopo Lale si presenta nell'ufficio dell'amministrazione e si rivolge a Bella, al bancone principale.

«Lale, dove sei stato?» gli chiede lei con un sorriso caloroso. «Pensavamo che ti fosse successo qualcosa...»

«Sono stato ad Auschwitz.»

«Ah, non aggiungere altro. Ti serviranno rifornimenti... Aspetta qui mentre vado a fare scorta.»

«Non esagerare, Bella.»

La ragazza lancia un'occhiata a Gita. «Certo che no. Dobbiamo essere sicure che torni domani.»

«Cominci a conoscermi troppo bene... Grazie.»

Bella si allontana per andare a prendere il materiale e Lale si appoggia al bancone, fissando Gita. Sa che l'ha visto entrare ma si finge schiva e tiene il capo chino. Con un dito si accarezza le labbra. Lale brucia dal desiderio.

Nota anche che la sedia accanto a Gita, quella di Cilka, è vuota. E di nuovo s'impone di scoprire che cosa le succede.

Esce dall'ufficio e si avvia verso l'area dove avviene la selezione, perché ha già notato che è arrivato un camion con nuovi prigionieri. Mentre sta montando il tavolino, compare Baretski.

«C'è qui qualcuno che vuole vederti, *Tätowierer.*»

Prima che Lale possa sollevare lo sguardo, sente una voce familiare, poco più di un sussurro.

«Ciao, Lale.»

Leon è in piedi di fianco a Baretski. Pallido, più magro e ricurvo, posa con cautela un piede davanti all'altro.

«Vi lascio soli, così potete riallacciare i vostri rapporti.» Sorridendo, l'ufficiale si allontana.

«Leon, mio Dio, sei vivo!» Lale si precipita ad abbracciarlo. Attraverso la camicia dell'amico sente ogni osso. Lo tiene a debita distanza per esaminarlo.

«Mengele, è stato Mengele?»

Leon si limita ad annuire. Lale gli passa le mani sulle braccia macilente e gli tasta il viso.

«Quel bastardo. Un giorno avrà quello che si merita. Non appena ho finito qui ti procuro un bel po' di roba da mangiare. Cioccolato, salsicce, che cosa vuoi? Ti faccio ingrassare io.»

Leon gli sorride flebilmente. «Grazie.»

«Sapevo che quel bastardo faceva morire di fame i prigionieri. Pensavo che lo facesse solo con le ragazze.»

«Se fosse solo quello...»

«Che cosa vuoi dire?»

Ora Leon fissa Lale dritto negli occhi. «Mi ha tagliato i coglioni, Lale», dice con voce forte e ferma. «E quando ti tagliano le palle ti passa l'appetito.»

Lale arretra inorridito e gira la testa, per non mostrare il suo shock. Leon trattiene un singhiozzo e si sforza di ritrovare la voce mentre perlustra il terreno ai suoi piedi in cerca di qualcosa su cui concentrarsi.

«Mi spiace, non avrei dovuto dirtelo così. Grazie per la tua offerta, te ne sono grato.»

Lale fa un respiro profondo, nel tentativo di controllare la rabbia. Vorrebbe imprecare e vendicarsi del crimine commesso contro il suo amico. Leon si schiarisce la voce.

«C'è la possibilità che io riabbia il mio lavoro?»

Il calore inonda il volto di Lale. «Certo! Sarò felice di riaverti con me, ma solo quando avrai recuperato le forze. Perché non vai nella mia stanza? Se uno zingaro ti ferma, digli che sei amico mio e che ti ci ho mandato io. Sotto il mio letto troverai delle vettovaglie. Ci vediamo quando ho finito qui.»

Un ufficiale superiore delle SS si avvicina.

«Vai, adesso, sbrigati.»

«Sbrigarmi è qualcosa che in questo momento mi riesce un po' difficile...»

«Scusa.»
«Figurati. Vado, ci vediamo dopo.»
L'ufficiale guarda Leon allontanarsi e ritorna alla sua occupazione: stabilire chi deve vivere e chi deve morire.

La mattina seguente Lale si presenta in amministrazione dove gli dicono che ha la giornata libera. Non ci sono trasporti in arrivo né ad Auschwitz né a Birkenau, e *Herr Doktor* non richiede la sua assistenza. Trascorre la mattinata con Leon. Ha corrotto il suo vecchio kapò nel Blocco 7 perché accolga il suo amico, con l'accordo che lavorerà per lui non appena avrà riacquistato le forze. Dà a Leon il cibo che aveva programmato di distribuire ai suoi amici rom e a Gita. Quando Lale sta per lasciare Leon, Baretski lo chiama.
«*Tätowierer*, dove sei stato? Ti cercavo.»
«Mi avevano detto che avevo la giornata libera.»
«Be', non ce l'hai più. Vieni, abbiamo un lavoro.»
«Devo andare a prendere la mia borsa.»
«Non ti servono gli attrezzi per questo lavoro. Vieni.»
Lale corre dietro a Baretski. Si dirigono verso uno dei crematori.
Lo raggiunge.
«Dove andiamo?»
«Sei preoccupato?» Baretski ride.
«Lei non lo sarebbe?»
«No.»
Lale sente una stretta al petto e ha il respiro corto. Deve scappare? Se lo fa, Baretski gli punterà senz'altro l'arma contro. Ma, del resto, che cosa importa? Una pallottola è pur sempre meglio della camera a gas.
Sono molto vicini al crematorio numero tre quando Baretski decide di rallentare il passo e liberarlo dal suo tormento.
«Non preoccuparti. Adesso, sbrigati, prima che ci cacciamo tutt'e due nei guai e finiamo nei forni.»
«Non si sta liberando di me?»
«Non ancora. Ci sono due prigionieri qui che, a quanto pare, hanno lo stesso numero. Abbiamo bisogno che tu li ve-

da. Devi essere stato tu o quell'altro eunuco a marchiarli. Devi dirci chi è chi.»

L'edificio di mattoni rossi si staglia davanti a loro; le grandi finestre ne mascherano lo scopo, ma la misura dei camini conferma l'orrore della sua vera natura. All'ingresso del crematorio vengono accolti da due SS che scherzano con Baretski e ignorano Lale. Indicano le porte chiuse all'interno. Lale abbraccia con lo sguardo l'ultimo tratto della strada che conduce alla morte a Birkenau. Vede i prigionieri appartenenti al Sonderkommando che se ne stanno lì, apatici, pronti a svolgere una mansione per cui nessuno sulla terra si offrirebbe volontario: estrarre i cadaveri dalle camere a gas e metterli nei forni. Cerca di stabilire un contatto visivo con loro, di fargli sapere che anche lui lavora per il nemico. Anche lui ha scelto di restare in vita il più a lungo possibile, di compiere un atto di profanazione nei confronti di persone della sua stessa fede. Nessuno di loro risponde al suo sguardo. Ha sentito le cattiverie che si dicono su questi uomini e sulla posizione privilegiata di cui godono, beneficiando di alloggi separati, razioni supplementari, indumenti caldi e coperte sotto cui dormire. Le loro vite rispecchiano la sua e si sente torcere le budella al pensiero di essere a sua volta disprezzato per il ruolo che svolge nel campo. Non potendo esprimere in alcun modo la sua solidarietà con quegli uomini, continua a camminare.

Lale e Baretski vengono condotti a una grande porta di acciaio davanti alla quale c'è una guardia.

«È tutto a posto, il gas è uscito. Dobbiamo mandarli ai forni, ma non possiamo finché non identificate i numeri corretti.»

La guardia apre la porta. Alzandosi in tutta la sua altezza, Lale guarda Baretski negli occhi e, con un ampio gesto della mano da sinistra a destra, dice: «Dopo di lei».

Baretski scoppia a ridere e gli dà una pacca sulla schiena. «No, dopo di te.»

«No, dopo di lei», ripete Lale.

«Insisto, *Tätowierer.*»

L'ufficiale delle SS che li accompagna spalanca la porta e i due entrano in uno spazio cavernoso. Corpi, centinaia di corpi nudi, riempiono la stanza. Sono ammucchiati gli uni sugli altri, con gli arti distorti. Occhi morti fissano Lale e Baretski. Uomini, giovani e vecchi; dei bambini in fondo al locale. Sangue, vomito, urina e feci. L'odore della morte pervade tutto lo spazio. Lale tenta di trattenere il respiro. Gli bruciano i polmoni. Le gambe minacciano di cedergli. Dietro di lui Baretski esclama: «Merda».

Quell'unica parola pronunciata da un sadico serve solo a rendere più profondo il pozzo dell'inumanità in cui Lale sta affogando.

«Da questa parte», gli indica un ufficiale, e loro lo seguono all'altro capo della stanza, dove due corpi maschili sono distesi uno accanto all'altro. Il soldato comincia a parlare a Baretski, che per una volta resta senza parole e lascia intendere che Lale capisce il tedesco.

«Hanno entrambi lo stesso numero. Com'è possibile?» chiede.

Lale scrolla la testa e si stringe nelle spalle. "Come diavolo faccio a saperlo?"

«Guardali. Qual è quello giusto?» gli chiede bruscamente l'ufficiale.

Lale si china e afferra un braccio. È felice di avere una scusa per inginocchiarsi e spera di recuperare un minimo di equilibrio. Osserva con attenzione i numeri tatuati sul braccio che stringe.

«L'altro?»

Senza tanti complimenti gli buttano addosso il braccio dell'altro uomo. Guarda con attenzione entrambi i numeri.

«Guardate qui. Questo non è un tre. È un otto. È un po' sbiadito, ma è un otto.»

La guardia scribacchia su ogni braccio freddo i numeri giusti. Senza chiedere il permesso, Lale si alza ed esce dal crematorio. Baretski lo raggiunge all'esterno, dove lo trova che respira profondamente, piegato in due. Aspetta qualche istante.

«Stai bene?»

«No, non sto bene un cazzo. Bastardi. Quanti ancora di noi dovete ammazzare?»

«Sei sconvolto, lo vedo bene.»

Baretski è solo un ragazzino, un ragazzino privo di istruzione, eppure Lale non può fare a meno di chiedersi come possa non provare nulla per le persone che hanno appena visto stese per terra, con l'agonia della morte dipinta sui volti e sui corpi disarticolati.

«Su, andiamo», lo esorta Baretski.

Lale si raddrizza per camminare di fianco a lui, anche se non riesce a guardarlo.

«Sai una cosa, *Tätowierer*? Scommetto che sei l'unico ebreo a essere entrato in una camera a gas ed esserne uscito vivo.»

Ride sguaiatamente, dà una pacca sulla schiena a Lale e tira dritto.

15.

Lale esce dal suo blocco e attraversa il campo con passo determinato. Due ufficiali delle SS gli si avvicinano con i fucili spianati. Senza fermarsi, lui alza la borsa.

«*Politische Abteilung!*»

I fucili si abbassano e lui passa senza bisogno di dire altro. Entra nel settore femminile e si dirige immediatamente al Blocco 29, dove incontra la kapò, appoggiata all'edificio con aria annoiata. Le sue sottoposte continuano a lavorare e lei non si dà pena di muoversi quando lui si avvicina ed estrae dalla borsa una grossa tavoletta di cioccolato. Poiché Baretski l'ha avvertita di non interferire nella relazione tra il *Tätowierer* e la prigioniera 4562, lei si lascia corrompere.

«Per favore, mi porti Gita, io aspetto dentro.»

Infilandosi il cioccolato tra i seni prosperosi e facendo spallucce, la kapò si mette in cammino verso l'edificio amministrativo. Lale entra e si chiude la porta alle spalle. Non deve aspettare a lungo. Un improvviso raggio di luce, allo schiudersi dell'uscio, gli rivela che lei è arrivata. Gita lo vede nella semioscurità, con la testa bassa.

«Tu!»

Lale fa un passo verso di lei, che indietreggia schiacciandosi contro la porta chiusa, evidentemente angosciata.

«Stai bene? Gita, sono io.»

Lui fa un altro passo ed è spaventato dal visibile tremore di lei.

«Di' qualcosa, Gita...»

«Tu, tu...» ripete lei.

«Sì, sono io, Lale.» Le afferra entrambi i polsi e cerca di stringerli forte.

«Hai idea di cosa passa per la testa quando le SS vengono a prenderti? Ne hai una vaga idea?»

«Gita...»

«Come hai potuto? Come hai potuto permettere che le SS venissero a prendermi?»

Lale è sbigottito, allenta la presa sui polsi e lei si libera allontanandosi.

«Mi spiace, non volevo spaventarti. Ho solo chiesto alla tua kapò di farti venire qui. Avevo bisogno di vederti.»

«Quando le SS vengono a prendere qualcuno, poi quel qualcuno scompare. Capisci? Ho pensato che mi portassero via a morire e non ho fatto che pensare a te. Non al fatto che non avrei più rivisto le mie amiche, non a Cilka che mi ha visto andare via e che doveva essere sconvolta, ma al fatto che non avrei più visto te. E invece eccoti qua.»

Lale prova vergogna. Il suo bisogno ha causato angoscia alla sua amata. All'improvviso Gita corre verso di lui con i pugni alzati. Lale le tende la mano mentre lei va a sbattergli addosso e lo picchia sul petto, con le lacrime che le scorrono lungo il viso. Lui incassa i colpi finché non cessano, dopodiché, delicatamente, le solleva la testa, le asciuga le lacrime con la mano e tenta di baciarla. Quando le loro labbra si congiungono, Gita si stacca e lo fissa. Lui allunga le braccia perché lei si riavvicini. Vedendo la sua riluttanza, le abbassa. Lei corre di nuovo verso di lui, stavolta mandandolo a sbattere contro un muro mentre cerca di strappargli la camicia. Sbalordito, Lale la tiene a debita distanza, ma lei non ne vuole sapere e si preme contro di lui, baciandolo con veemenza. Lui la solleva per il sedere e lei avvinghia le gambe attorno ai suoi fianchi, baciandolo con una frenesia tale da morderagli le labbra. Lale sente il sapore salato del sangue ma le restituisce il bacio, inciampando su un letto lì vicino dove capitombolano insieme, strappandosi a vicenda i vestiti di dosso. Fanno l'amore in modo appassionato e disperato. È un bisogno, in gestazione da così tanto tempo da non poter essere negato. Due persone affamate dell'amore e dell'intimità che temono di non poter più conoscere altrimenti. Quell'amplesso suggella il loro impegno reciproco, e in quel momento Lale sa che non può amare nessun'altra. Rafforza la sua decisione di andare avanti un altro giorno, poi un altro ancora, per mille giorni, per tutto il tempo necessario a realizzare la sua promessa a Gita: «Essere liberi di fare l'amore ovunque e ogni volta che vogliamo».

Esausti, restano coricati l'uno tra le braccia dell'altra. Gita si addormenta e Lale passa un sacco di tempo semplicemente guardandola. Lo scontro fisico tra loro è terminato, sostituito da un furioso tumulto all'interno di Lale. "Che cosa ci ha fatto questo posto? Come ci ha trasformati? Quanto ancora possiamo continuare? Lei pensava che oggi sarebbe finito tutto. Sono stato io la causa di quel dolore. Non devo farlo mai più."

Si tocca il labbro. Geme. Questo spezza il suo umore nero e lui sorride al pensiero dell'origine di quel dolore. Con un bacio delicato sveglia Gita.

«Ehilà», sussurra.

Gita si gira sulla pancia e lo guarda turbata. «Stai bene? Sembravi, non so... Anche se quando sono entrata ero arrabbiata, ora che ci penso, avevi un aspetto terribile.»

Lale chiude gli occhi e fa un sospiro profondo.

«Che cosa è successo?»

«Diciamo solo che ho fatto un altro passo giù nell'abisso, ma sono riuscito a uscirne.»

«Un giorno me lo dirai?»

«Probabilmente no. Non insistere, Gita.»

Lei annuisce.

«Ora credo che sia meglio che tu torni in ufficio, così Cilka e le altre vedono che stai bene.»

«Voglio stare qui con te, per sempre.»

«Per sempre è un tempo lunghissimo.»

«Oppure potrebbe essere domani.»

«No, non lo sarà.»

Gita gira la testa, arrossisce e chiude gli occhi.

«A cosa pensi?» le chiede.

«Ascolto. I muri.»

«Che cosa dicono?»

«Nulla. Respirano forte e piangono per chi esce da qui la mattina e non rientra la sera.»

«Non piangono per te, amore mio.»

«Non oggi, adesso lo so.»

«Neppure domani. Non piangeranno mai per te. Adesso esci di qui e torna al lavoro.»

Lei si raggomitola. «Puoi uscire prima tu? Devo trovare i miei vestiti.»

Dopo un ultimo bacio, Lale cerca i propri indumenti a tentoni. Una volta vestito, le dà un altro rapido bacio prima di andarsene. Fuori dal blocco, la kapò è di nuovo appoggiata al muro.

«Ti senti meglio, *Tätowierer*?»

«Sì, grazie.»

«Il cioccolato è buono. Anche la salsiccia mi piace.»

«D'accordo, vedo che cosa posso fare.»

«Fallo, *Tätowierer*. Ci vediamo.»

16.

marzo 1944

I colpi alla porta svegliano Lale da un sonno profondo. Apre con circospezione, quasi aspettandosi di vedere uno dei ragazzini rom. Invece sulla soglia ci sono due uomini giovani, che guardano da una parte e dall'altra, evidentemente terrorizzati.

«Che cosa volete?» chiede Lale.

«Sei il *Tätowierer*?»

«Dipende da chi lo chiede.»

«Abbiamo bisogno del *Tätowierer*. Ci hanno detto che vive qui», dice l'altro ragazzo.

«Entrate, prima che i bambini si sveglino.»

Lale richiude la porta e con un cenno invita i due giovani a sedersi sul letto. Sono entrambi alti e magri e il volto di uno dei due è punteggiato di lentiggini.

«Ve lo chiedo ancora: che cosa volete?»

«Abbiamo un amico...» balbetta il lentigginoso.

«Non ce l'abbiamo tutti?» lo interrompe Lale.

«Il nostro amico è nei guai...»

«Non ci siamo tutti?»

I due ragazzi si guardano a vicenda, cercando di decidere se proseguire.

«Scusate. Andate avanti.»

«L'hanno beccato e pensiamo che lo uccideranno.»

«Beccato a fare cosa?»

«Ecco, la settimana scorsa è scappato, l'hanno catturato e riportato qui dentro. Che cosa gli faranno, secondo te?»

Lale è incredulo.

«Come diavolo ha fatto a fuggire, e come è stato tanto stupido da farsi riacciuffare?»

«Non conosciamo tutta la storia.»

«Be', lo impiccheranno, probabilmente, domattina presto. Sapete che questa è la punizione per chi cerca di scappare, figurarsi poi per chi ci riesce.»

«Puoi fare qualcosa? La gente dice che tu potresti aiutarci.»

«Posso aiutarvi se volete qualcosa in più da mangiare, tutto lì. Dov'è questo ragazzo, adesso?»

«È fuori.»

«Qui fuori?»

«Sì.»

«Per l'amor di Dio, fatelo entrare subito!» dice Lale aprendo la porta.

Uno dei ragazzi si precipita all'esterno e poco dopo rientra con un giovane, a testa bassa, che trema di paura. Lale gli indica il letto e lui si siede. Ha gli occhi gonfi.

«I tuoi amici mi hanno detto che sei scappato.»

«Sì, signore.»

«Come hai fatto?»

«Be', stavo lavorando fuori e ho chiesto alla guardia se potevo cacare. Lui mi ha detto di andare tra gli alberi perché non voleva sentire la puzza. Poi, quando ho fatto per tornare dalla mia squadra, stavano andando via tutti. Temevo che se mi fossi messo a correre una delle altre guardie avrebbe potuto spararmi, così sono ritornato nella foresta.»

«E poi?»

«Be', ho continuato a camminare. Poi, quando sono andato in un villaggio per rubare qualcosa da mangiare, mi hanno catturato. Stavo morendo di fame. I soldati hanno visto il mio numero tatuato e mi hanno riportato qui.»

«E domani mattina t'impiccano, giusto?»

Il ragazzo fa ciondolare la testa. Lale pensa che l'indomani avrà lo stesso aspetto dopo essere morto strangolato.

«C'è niente che puoi fare per aiutarci, *Tätowierer*?»

Lale cammina su e giù per la sua stanzetta. Solleva la manica del giovane e ne studia il numero. "Fatto da me." Riprende a camminare. Il ragazzo resta seduto in silenzio.

«Resta qui», gli dice deciso, poi afferra la borsa ed esce di corsa dalla stanza.

Fuori i riflettori scandagliano il perimetro, come occhi violenti in cerca di qualcuno da uccidere. Abbracciando con lo sguardo l'intero campo, Lale si dirige verso l'edificio amministrativo ed entra nell'ufficio principale. È subito sollevato quando vede Bella dietro il bancone. Lei alza lo sguardo.

«Lale, che cosa fai qui? Non ho lavoro per te.»

«Ciao, Bella. Posso chiederti una cosa?»

«Certo, qualsiasi cosa, lo sai, Lale.»

«Quando sono stato qui stamattina ho sentito di un trasporto in partenza stanotte.»

«Sì, ce n'è uno a mezzanotte diretto a un altro campo.»

«Quanta gente?»

Bella prende un elenco lì accanto. «Cento nomi, perché?»

«Nomi, non numeri?»

«No, non hanno ancora un numero. Sono arrivati oggi e li mandano in un campo per ragazzi. Là nessuno ha un numero.»

«Possiamo inserirne un altro in quella lista?»

«Suppongo di sì. Chi? Tu?»

«No, lo sai che non me ne vado da qui senza Gita. È qualcun altro: meno sai, meglio è.»

«D'accordo, lo faccio per te. Come si chiama?»

«Merda», impreca Lale. «Torno subito.»

Furioso con sé stesso, rientra di corsa nella sua stanza. «Il tuo nome. Come ti chiami?»

«Mendel.»

«Mendel cosa?»

«Mi scusi, Mendel Bauer.»

Quando Lale torna nell'ufficio, Bella aggiunge il nome in fondo alla lista dattiloscritta.

«Le guardie non faranno domande su un nome che non è scritto come gli altri?» chiede Lale.

«No, sono troppo pigri per fare domande. Immischiarsi creerebbe loro troppi guai. Di' a chiunque sia di farsi trovare nel campo quando vede il camion che comincia a caricare.»

Dalla sua borsa Lale estrae un anello incastonato di rubini e diamanti e lo dà a Bella.

«Grazie. Questo è per te. Puoi tenerlo o venderlo. Farò in modo che si presenti.»

Di nuovo nella sua stanza, Lale spinge i due amici di Mendel giù dal letto, tira fuori la sua borsa e si siede di fianco al ragazzo.

«Dammi il braccio.»

Mentre i ragazzi lo osservano, Lale trasforma il numero in un serpente. Il lavoro non è perfetto, ma è abbastanza ben fatto da nascondere le cifre.

«Perché lo fai?» chiede uno dei giovani.

«Là dove andrà Mendel, nessuno ha dei numeri tatuati. Quanto credete che ci voglia prima che qualcuno veda il suo numero e lo rispedisca qui, per l'appuntamento col boia?»

Terminato il lavoro, si gira verso i due amici.

«Adesso voi tornate nella vostra baracca e siate prudenti. Posso salvarne solo uno a sera», dice. «Il vostro amico non sarà qui domani. Partirà a mezzanotte con un trasporto. Non so dove vada ma, ovunque sia, avrà più possibilità di restare vivo. Avete capito?»

I tre ragazzi si abbracciano e si promettono di ritrovarsi dall'altra parte dell'incubo. Quando gli amici se ne sono andati, Lale torna a sedersi accanto a Mendel.

«Tu resti qui fino a che non è ora di partire. Ti porterò al trasporto, dopodiché sarai solo.»

«Non so come ringraziarla.»

«Se riesci a scappare ancora, non farti beccare. Come ringraziamento sarà sufficiente.»

Poco dopo Lale sente il suono rivelatore di movimenti nel campo.

«Forza, è ora di andare.»

Sgattaiolando fuori dall'edificio costeggiano i muri finché non vedono due camion che caricano degli uomini.

«Muoviti in fretta e cerca d'intrufolarti in mezzo a una delle file. Dai il tuo nome quando te lo chiedono.»

Mendel sguscia via e riesce a mettersi in una fila. Si stringe il corpo con le braccia per tenere lontano il freddo e per proteggere il serpente che adesso ha sul braccio. Lale resta a guardare quando la guardia trova il suo nome e lo spinge a bordo. Poi il motore viene avviato e il camion parte, e Lale rientra di soppiatto nella sua stanza.

17.

I mesi che seguono sono particolarmente duri. I prigionieri muoiono in tutti i modi. Molti se li portano via le malattie, la denutrizione e il freddo. Qualcuno riesce ad arrivare alla recinzione elettrificata e si toglie la vita. Altri vengono uccisi a fucilate dalle guardie sulle torrette prima di riuscirci. Anche le camere a gas e i crematori lavorano a pieno regime, e le postazioni di tatuaggio di Lale e Leon brulicano di gente a mano a mano che decine di migliaia di persone vengono trasportate ad Auschwitz e a Birkenau.

Lale e Gita si vedono la domenica, quando è possibile. In quei giorni si confondono con gli altri corpi e si toccano furtivamente. Di tanto in tanto rubano un po' di tempo da trascorrere insieme nella baracca di lei. Questo infonde loro il coraggio per restare vivi e, nel caso di Lale, progettare un futuro. La kapò di Gita sta ingrassando con tutto il cibo che lui le porta. E ogni tanto, quando qualcosa impedisce a Lale di vedere Gita per lunghi periodi, la kapò chiede alla ragazza senza tanti giri di parole: «Quand'è che viene ancora il tuo amico?».

Una domenica, infine, Gita si decide, dopo ripetute richieste, a raccontare a Lale cosa succede a Cilka.

«Cilka è il trastullo di Schwarzhuber.»

«Oh, mio Dio! E da quanto tempo va avanti?»

«Non lo so di preciso. Un anno, forse di più.»

«È soltanto un sadico bastardo e un ubriacone», sibila Lale stringendo i pugni. «Posso immaginare come la tratti.»

«Non dirlo neppure! Non voglio pensarci.»

«Che cosa vi racconta di quando sono insieme?»

«Niente, non glielo chiediamo. Non so come aiutarla.»

«La uccide se lei lo respinge, in un modo o nell'altro. Suppongo che Cilka l'abbia già capito, altrimenti sarebbe già morta da un pezzo. Restare incinta è il rischio maggiore.»

«È tutto a posto, non resterà incinta. Bisogna... sai... bisogna avere il ciclo mensile perché accada. Non lo sapevi?»

Lale, imbarazzato, dice: «Be', sì, lo sapevo. Solo che è una cosa di cui non abbiamo mai parlato. Mi sa che non ci ho pensato».

«Né tu né quel sadico bastardo dovete preoccuparvi che Cilka o io aspettiamo un bambino, d'accordo?»

«Dille che per me è un'eroina e sono fiero di conoscerla.»

«Che cosa intendi con eroina? Non è un'eroina», ribatte Gita, un po' seccata. «Vuole soltanto vivere.»

«E questo la rende un'eroina. Anche tu sei un'eroina, tesoro. Che voi due abbiate scelto di sopravvivere è una forma di resistenza a questi bastardi nazisti. Scegliere di vivere è un atto di sfida, una forma di eroismo.»

«Se è così, che cosa fa di te?»

«A me è stata data la possibilità di partecipare alla distruzione del nostro popolo e ho accettato di farlo per sopravvivere. Posso solo sperare che un giorno non verrò giudicato come un esecutore o un collaborazionista.»

Gita si china e lo bacia. «Per me sei un eroe.»

Il tempo è passato in fretta e i due sussultano quando le altre ragazze cominciano a rientrare nel blocco. Sono completamente vestiti, quindi l'uscita di Lale non è imbarazzante come potrebbe essere altrimenti.

«Ciao. Ehi, Dana, sono felice di vederti. Ragazze, signore...» dice mentre se ne va.

La kapò, nella sua posizione abituale davanti all'ingresso dell'edificio, scuote la testa in direzione di Lale.

«Devi essere fuori di qui quando le altre rientrano. D'accordo, *Tätowierer*?»

«Mi spiace, non succederà più.»

Lale gironzola per il campo quasi saltellando ed è sorpreso quando sente qualcuno che lo chiama per nome. Si guarda attorno per vedere chi lo cerca. È Victor. Lui e gli altri lavoratori polacchi stanno uscendo dal campo. Victor gli fa cenno di avvicinarsi.

«Ciao, Victor. Yuri. Come state?»

«Non bene come te, a giudicare dal tuo aspetto. Che cosa succede?»

Lale agita la mano. «Niente, niente.»

«Abbiamo dei rifornimenti per te e pensavamo di non riuscire a consegnarteli. Hai spazio nella borsa?»

«Certamente. Scusate, sarei dovuto venire a cercarvi prima ma... ehm, ero occupato.»

Lale apre la borsa e Victor e Yuri la riempiono. C'è troppa roba e non ci sta.

«Vuoi che porti il resto domani?» chiede Victor.

«No, prendo tutto, grazie. Ci vediamo domani per il pagamento.»

Tra le decine di migliaia di ragazze a Birkenau ce n'è una, oltre a Cilka, a cui le SS hanno permesso di tenere i capelli lunghi. Ha più o meno l'età di Gita. Lale non le ha mai parlato, ma ogni tanto l'ha vista. Con la sua chioma bionda lunga e fluente spicca fra tutte. Le altre cercano di nascondere i capelli tagliati corti alla bell'e meglio sotto un fazzoletto, spesso ricavato strappando la casacca. Un giorno Lale ha chiesto a Baretski quale fosse il patto con lei. Perché ha il permesso di tenere i capelli lunghi?

«Il giorno in cui è arrivata al campo», gli ha risposto Baretski, «il comandante Höss era alle selezioni. L'ha vista, ha pensato che fosse molto bella e ha ordinato di non toccarle i capelli.»

Spesso Lale è rimasto sbalordito dalle cose a cui ha assistito in entrambi i campi, ma che Höss pensi che, tra le centinaia di migliaia di ragazze che sono passate di lì, solo una sia bella lo sbigottisce davvero.

Mentre si affretta verso la sua baracca, Lale gira un angolo e la vede: l'unica «bella» ragazza del campo. Lei lo fissa e lui, che ha una salsiccia infilata nei pantaloni, torna nella sua stanza battendo ogni record di tempo.

18.

La primavera ha scacciato i demoni più rigidi dell'inverno. Il tempo più caldo offre un raggio di speranza a tutti coloro che sono sopravvissuti agli elementi oltre che ai capricci crudeli dei carcerieri. Persino Baretski si comporta in maniera meno spietata.

«So che puoi procurarti delle cose, *Tätowierer*», dice a voce più bassa del solito.

«Non capisco che cosa intenda», risponde Lale.

«Delle cose. Te le puoi procurare. So che hai contatti all'esterno.»

«Che cosa glielo fa supporre?»

«Senti, tu mi piaci, d'accordo? Non ti ho sparato, no?»

«Ha sparato a un sacco di altre persone.»

«Ma non a te. Siamo come fratelli, tu e io. Non ti ho raccontato i miei segreti?»

Lale decide di non contestare quella dichiarazione di fratellanza.

«Lei parli, io l'ascolto», replica Lale.

«A volte mi hai dato dei consigli e io ti ho ascoltato. Ne ho persino seguiti alcuni scrivendo delle carinerie alla mia fidanzata.»

«Non lo sapevo.»

«Adesso lo sai», continua Baretski con espressione seria. «Ora ascolta, c'è qualcosa che vorrei che tu mi procurassi.»

Lale è nervoso e teme che qualcuno possa sentire quella conversazione.

«Le ho detto...»

«Presto sarà il compleanno della mia fidanzata e voglio che tu mi trovi un paio di calze di nylon da mandarle.»

Lale guarda Baretski incredulo. L'ufficiale gli sorride.

«Trovamele e io non ti sparo.» Ride.

«Vedo cosa posso fare. Potrebbe volerci qualche giorno.»

«Non metterci troppo.»

«C'è qualcos'altro che posso fare per lei?» chiede Lale.

«No, hai la giornata libera. Puoi passare un po' di tempo con Gita.»

Lale fa una smorfia. È già brutto che Baretski sappia che lui passa il suo tempo con Gita, ma detesta che quel bastardo ne pronunci il nome.

Prima di fare ciò che Baretski gli ha suggerito, Lale va in cerca di Victor. Alla fine trova Yuri, dal quale viene a sapere che Victor è malato e non lavora. Lale risponde che gli dispiace e fa per andarsene.

«Posso fare qualcosa per te?» gli chiede Yuri.

Lale si gira.

«Non saprei. Ho una richiesta particolare.»

Il muratore inarca le sopracciglia. «Forse posso aiutarti.»

«Calze di nylon, sai, quelle che le ragazze indossano sulle gambe.»

«Non sono un bambino, Lale, so bene cosa sono le calze di nylon.»

«Puoi farmene avere un paio?» Lale apre la mano e gli mostra due diamanti.

Yuri li prende. «Dammi due giorni, credo di poterti aiutare.»

«Grazie, Yuri. Salutami tuo padre. Spero che si riprenda presto.»

Lale attraversa il campo diretto al settore femminile quando sente il rumore di un aeroplano. Alza lo sguardo e vede un piccolo apparecchio che vola basso sul campo e, formando un cerchio, torna indietro. Così basso che Lale identifica il simbolo delle forze aeree statunitensi.

Un prigioniero grida: «Sono gli americani! Gli americani sono qui!».

Tutti alzano lo sguardo. Qualcuno comincia a saltare su e giù, agitando le mani nell'aria. Lale lancia un'occhiata alle torri che circondano il perimetro del campo e nota le guardie in massima allerta, con i fucili puntati in basso, dove uomini e donne sono in subbuglio. Alcuni si limitano ad agitarsi per attirare l'attenzione del pilota, molti altri indicano i crematori e urlano: «Lanciate le bombe! Lanciate le bombe!».

Lale sta decidendo se unirsi a loro quando l'aeroplano fa un secondo giro e poi vira per farne un terzo. Parecchi prigionieri corrono verso i crematori, indicandoli, ansiosi di far arrivare il loro messaggio ai piloti dell'aereo che vola basso: «Lanciate le bombe! Lanciate le bombe!».

Passando per la terza volta su Birkenau, il velivolo comincia a guadagnare altezza e vola via. I prigionieri continuano a urlare. Molti cadono in ginocchio, devastati dal fatto che le loro urla sono state ignorate. Lale comincia a indietreggiare appiattendosi contro un edificio lì vicino. Appena in tempo, perché dalle torrette piovono proiettili su chi è rimasto in mezzo al campo, colpendo decine di persone troppo lente per mettersi al riparo.

Messo di fronte alle guardie dal grilletto facile, Lale decide di non organizzare un incontro con Gita. Invece ritorna al suo blocco, dove viene accolto dai pianti e dai gemiti delle donne che cullano i bambini feriti dai proiettili.

«Hanno visto l'aeroplano e si sono messi a correre per il campo insieme con gli altri prigionieri», gli spiega uno degli uomini.

«Come posso aiutarvi?»

«Porta dentro gli altri bambini. Non c'è bisogno che vedano tutto questo.»

«Certo.»

«Grazie, Lale. Ti mando le donne anziane per aiutarti. Non so che cosa fare con i corpi. Non posso lasciarli qui.»

«Le SS faranno il giro per raccogliere i morti, ne sono sicuro.» Suona spietato, oggettivo. Le lacrime bruciano dietro le palpebre di Lale, che sposta il peso da un piede all'altro. «Mi spiace tanto.»

«Che cosa ci succederà ancora?» chiede l'uomo.

«Non so che cosa abbia in serbo il destino per ognuno di noi.»

«Morire qui?»

«No, se posso impedirlo; ma non lo so.»

Lale comincia a radunare i ragazzini per condurli all'interno. Alcuni piangono, altri sono troppo spaventati per farlo. Molte donne anziane si uniscono a lui. Portano i bambini sopravvissuti all'estremità del blocco e cominciano a raccontare loro delle storie, ma stavolta non funzionano. I bambini non si lasciano consolare e la maggior parte di loro rimane in silenzio, traumatizzata.

Lale va nella sua stanza e ritorna con qualche tavoletta di cioccolato, che lui e Nadya spezzano e distribuiscono. Qualche bambino la prende, qualcun altro la guarda come se anche quello potesse fargli male. Nadya prende per mano Lale e lo fa alzare.

«Grazie. Hai fatto tutto quello che hai potuto.» Gli accarezza la guancia col dorso della mano. «Adesso lasciaci soli.»

«Vado ad aiutare gli uomini», risponde lui con voce esitante.

Esce barcollando. Fuori aiuta i rom ad ammassare i corpicini in un piccolo mucchio che le SS porteranno via. Nota che stanno già raccogliendo i cadaveri sparsi per il campo. Molte donne si rifiutano di consegnare i loro preziosi figli e a Lale si spezza il cuore quando vede i corpi strappati dalle braccia delle madri.

«*Itgadàl vitqadàsh shemè rabbà* – sia magnificato e santificato il Suo grande nome.» Lale sussurra il primo verso del Kaddish. Non sa come o con quali parole i rom onorano i loro morti, ma ha la sensazione che qualcosa proveniente da lui sia meglio di niente. Resta seduto fuori a lungo, guardando il cielo e chiedendosi che cosa abbiano visto e pensato quelli che erano sull'aereo. Parecchi uomini lo raggiungono in silenzio, un silenzio che non è più di calma. Li circonda un muro di lutto.

Lale pensa alla data di quel giorno, il 4 aprile 1944. Quando l'ha vista sui suoi fogli di lavoro quella mattina, la parola «aprile» l'ha irritato. Aprile, che cosa c'entrava aprile? Poi si è reso conto. Fra tre settimane, saranno due anni che è lì dentro. *Due anni.* Come ha fatto? Perché respirava ancora mentre altri non respiravano più? Ripensa al giuramento che aveva fatto a sé stesso all'inizio. Sopravvivere e vedere i responsabili pagare. Forse, chissà, quelli che stavano sull'aereo avevano capito ciò che succedeva e i soccorsi erano in arrivo. Sarebbe stato troppo tardi per quelli uccisi quel giorno, ma le loro morti non sarebbero state del tutto vane. "Aggrappati a questo pensiero. Usalo per scendere dal letto domattina, e la mattina dopo, e quella dopo ancora."

Lo scintillio delle stelle in cielo non lo consola più, ma gli rammenta solo l'abisso tra ciò che la vita può essere e ciò che è adesso; le calde notti estive quando da ragazzo sgattaiolava fuori dopo che tutti erano andati a letto, per farsi accarezzare il viso dalla brezza notturna e addormentarsi così; le serate trascorse con le signorine a camminare mano nella mano in un parco, lungo il lago, illuminati da migliaia di stelle sopra di loro. Il tetto celeste del cielo notturno lo aveva sempre confortato. "Da qualche parte la mia famiglia ora starà guardando le stesse stelle e si chiederà dove sono. Spero che ne ricavino più consolazione di me."

Era l'inizio di marzo del 1942 quando Lale disse addio ai genitori, al fratello e alla sorella, nella sua città natale di Krompachy. Aveva abbandonato il suo lavoro e il suo appartamento a Bratislava nell'ottobre precedente. Aveva preso quella decisione dopo aver ritrovato un vecchio amico, un non ebreo che lavorava per il governo. Quell'amico l'aveva avvisato che politicamente le cose stavano cambiando per tutti i cittadini ebrei e che il suo fascino e il suo carisma non l'avrebbero salvato da ciò che stava per arrivare. Il suo amico gli aveva proposto un impiego che, disse, lo avrebbe protetto dalle persecuzioni. Dopo che ebbe incontrato il responsabile dell'amico, gli fu offerto un posto come assistente del capo del Partito nazionalista slovacco, che lui accettò. L'appartenenza al PNS non c'entrava con la religione, ma aveva l'obiettivo di lasciare il paese in mano agli slovacchi. Vestito con l'uniforme del partito, che assomigliava troppo a un'uniforme militare, Lale passò parecchie settimane viaggiando per tutto il paese, distribuendo notiziari e parlando a manifestazioni e raduni. In particolare il partito cercava di far comprendere alla gioventù la necessità di restare uniti, di sfidare il governo, incapace di denunciare Hitler e offrire protezione a tutti gli slovacchi. Lale sapeva che in Slovacchia gli ebrei avevano ricevuto l'ordine di appuntarsi la stella gialla di David sugli abiti quand'erano in pubblico. Lui si era rifiutato di indossarla. Non per paura, ma perché si considerava slovacco: orgoglioso, ostinato e persino – doveva riconoscerlo – arrogante riguardo al suo posto nel mondo. Il fatto che fosse anche ebreo era secondario e in passato non aveva mai interferito con ciò che faceva e con gli amici che si sceglieva. Se durante una conversazione saltava fuori l'argomento, lo ammetteva e passava ad altro. Non era una caratteristica che lo definiva. Era una cosa di cui parlava più in camera da letto che al ristorante o in un club.

Nel febbraio del 1942 era stato avvisato in anticipo che il ministero degli Esteri tedesco aveva richiesto al governo slovacco di deportare dal paese gli ebrei per usarli come forza lavoro. Lui chiese e ottenne un permesso per andare a trovare la sua famiglia e gli fu detto che il suo impiego era sicuro e che poteva riprendere in qualsiasi momento a lavorare nel partito.

Non si era mai considerato un ingenuo. Come tanti che vivevano in Europa a quell'epoca, era preoccupato per l'ascesa di Hitler e per gli orrori che il Führer perpetrava in altre piccole nazioni, ma non riusciva ad accettare l'idea che i nazisti avrebbero invaso la Slovacchia. Non ne avevano bisogno. Il governo dava loro quello che volevano e quando lo volevano, e non rappresentava una minaccia. La Slovacchia voleva solo essere lasciata in pace. A volte, durante le cene e alle riunioni con la famiglia e gli amici, qualcuno commentava le notizie sulle persecuzioni degli ebrei negli altri paesi, ma nessuno credeva che, come gruppo, gli ebrei slovacchi corressero grandi rischi.

E invece ora eccolo lì. Sono passati due anni. Vive in una comunità ampiamente divisa in due: ebrei e zingari. A identificarli è la razza, non la nazionalità, e questa è una cosa che Lale continua a non capire. Le nazioni minacciano altre nazioni. Hanno il potere, hanno l'esercito. "Com'è possibile che una razza, disseminata in numerosi paesi, sia considerata una minaccia?" Finché vivrà – per molto o poco tempo che sia – sa che non lo capirà mai.

19.

«Hai perso la fede?» gli domanda Gita, appoggiandosi di schiena al petto di Lale nel loro solito posto dietro l'edificio dell'amministrazione. Ha scelto questo momento per fargli la domanda perché vuole sentire la sua risposta, e non vederla.

«Perché me lo chiedi?» replica lui, accarezzandole la nuca.

«Perché penso che sia così, e questo mi rattrista», dice lei.

«Tu non l'hai persa, dunque?»

«L'ho chiesto io per prima.»

«Sì, penso di sì.»

«Quando?»

«La prima notte che ho passato qui. Ti ho raccontato cos'è successo, quello che ho visto. Io non so come un dio misericordioso possa permettere che accada una cosa del genere. E da quella notte non è successo nulla che mi abbia fatto cambiare idea. Anzi, tutto il contrario.»

«Devi pur credere in qualcosa.»

«Sì. Credo in te e in me, credo che usciremo di qui e costruiremo una vita insieme in cui potremo...»

«Lo so, ovunque e ogni volta che vorremo», sospira lei. «Oh, Lale, se soltanto...»

Lale le gira la testa perché lo guardi.

«Non voglio essere definito dall'essere ebreo. Non lo nego, ma prima di tutto sono un uomo, un uomo innamorato di te.»

«E se io volessi mantenere la mia fede? Se per me fosse ancora importante?»

«Non ho voce in capitolo al riguardo.»

«E invece sì.»

Su di loro cala un silenzio impacciato. Lui la osserva, lei tiene lo sguardo basso.

«Non ho problemi se tu conservi la tua fede», dice Lale con dolcezza. «Anzi, sosterrò la tua fede se per te significa molto e ti fa restare al mio fianco. Quando usciremo di qui, t'incoraggerò a praticarla, e quando avremo dei bambini potranno seguire il credo della madre. Sei soddisfatta?»

«Bambini. Non so se potrò avere figli. Temo di essere devastata dentro.»

«Quando saremo usciti di qui, ti farò mettere su un po' di peso, così avremo dei figli, e saranno bambini bellissimi, prenderanno dalla loro mamma.»

«Grazie, amore mio. Mi fai venire voglia di credere in un futuro.»

«Bene. Questo significa che ora mi rivelerai il tuo cognome e da dove vieni?»

«Non ancora. Te l'ho detto: il giorno in cui lasceremo questo luogo. Ti prego, non chiedermelo più.»

Dopo aver salutato Gita, Lale cerca Leon e qualcun altro del Blocco 7. È una bella giornata estiva e, finché può, intende godersi il sole e gli amici. Sono seduti a ridosso del muro di una baracca. La loro conversazione è semplice. Al suono della sirena Lale si congeda e s'incammina verso il suo blocco. A mano a mano che si avvicina all'edificio avverte che c'è qualcosa che non va. I bambini rom se ne stanno con le mani in mano e non accorrono a salutarlo, ma si scansano al suo passaggio. Li saluta, eppure loro non rispondono. Ne comprende il motivo appena apre la porta della sua stanza. Sparpagliate sul letto ci sono le pietre preziose e le banconote solitamente nascoste sotto il materasso. Due ufficiali delle SS lo aspettano.

«Hai una spiegazione, *Tätowierer*?»

Lale non riesce a trovare le parole.

Uno degli ufficiali gli strappa la borsa di mano e rovescia gli strumenti e le boccette d'inchiostro sul pavimento, dopodiché vi infilano il bottino. Con le pistole spianate si piazzano davanti a Lale e gli fanno segno di muoversi. I bambini si fanno da parte mentre lui viene condotto fuori dal campo nomadi per quella che ritiene sarà l'ultima volta.

Lale è in piedi davanti a Houstek, il contenuto della sua borsa disseminato sulla scrivania. Houstek prende in mano ed esamina ogni gemma e ogni gioiello, un pezzo alla volta.

«Dove hai preso tutto questo?» chiede Houstek, senza alzare lo sguardo.

«Me li hanno dati i prigionieri.»

«Quali prigionieri?»

«Non conosco i loro nomi.»

Houstek solleva la testa e rivolge a Lale uno sguardo tagliente.

«Non sai chi ti ha dato tutto questo?»

«No, non lo so.»

«E io dovrei crederti?»

«Sì, signore. Me li portano, ma io non chiedo loro il nome.»

Houstek sbatte il pugno sulla scrivania e fa tintinnare le gemme.

«Sono molto arrabbiato, *Tätowierer*. Sei bravo nel tuo lavoro e adesso mi tocca trovare qualcun altro che lo faccia.» Si volta verso gli ufficiali di scorta. «Portatelo al Blocco 11. Lì gli torneranno in mente i nomi.»

Lale viene scortato fuori e caricato su un furgone. Due ufficiali delle SS si siedono al suo fianco, puntandogli una pistola nelle costole da entrambi i lati. Durante il tragitto di tre chilometri Lale dice addio in silenzio a Gita e al futuro che immaginavano. Chiudendo gli occhi, ripete mentalmente il nome di ogni suo familiare. Non riesce a raffigurarsi il fratello e la sorella con la chiarezza di un tempo. Sua madre la vede perfettamente. Ma come si fa a dire addio alla propria madre, alla persona che ti ha dato il respiro, che ti ha insegnato a vivere? Non può farlo. Sussulta quando gli appare davanti l'immagine di suo padre, il che induce uno degli ufficiali a spingergli più a fondo la pistola nelle costole. L'ultima volta che ha visto suo padre stava piangendo. Non vuole ricordarlo così, perciò cerca un'altra immagine. Il padre che lavora con i suoi adorati cavalli. Parlava loro sempre con grande affetto, diversamente da come si rivolgeva ai figli. Suo fratello, più grande e più saggio. Gli dice che spera di non averlo deluso, che ha cercato di comportarsi come si sarebbe comportato lui al suo posto. Quando pensa alla sorellina, Goldie, il dolore è troppo acuto.

Il furgone si ferma all'improvviso, scaraventando Lale contro l'ufficiale al suo fianco.

Viene rinchiuso in una stanzetta del Blocco 11. Tutti conoscono la reputazione dei blocchi 10 e 11. Sono i bunker delle punizioni. Dietro quelle camere di tortura isolate c'è il «muro nero», il muro delle esecuzioni. Lale si aspetta che ve lo conducano dopo averlo torturato.

Per due giorni resta seduto in una stanza minuscola, dove l'unico raggio di luce filtra da una fessura sotto la porta. Mentre ascolta gli urli e le grida degli altri rivive ogni istante che ha trascorso con Gita.

Il terzo giorno viene accecato dalla luce che inonda la stanza. Un uomo grande e grosso blocca la porta e gli porge una ciotola con un liquido. Lale la prende e, via via che gli occhi si adattano, riconosce l'uomo.

«Jakub, sei tu?»

L'uomo entra nella stanza, costretto a chinarsi per via del soffitto basso.

«*Tätowierer*... Che cosa ci fai qui?» Jakub è visibilmente sconvolto.

Lale si alza a fatica, allungando una mano. «Mi sono spesso chiesto che fine avessi fatto», dice.

«Come avevi previsto, mi hanno trovato un lavoro.»

«Sei una guardia, quindi?»

«Non soltanto una guardia, amico mio.» La voce di Jakub è tetra. «Siediti, mangia e ti dirò cosa faccio qui e cosa ti succederà.»

In preda all'ansia, Lale si siede e guarda il cibo che Jakub gli ha portato. Una brodaglia liquida e sporca contenente una sola patata. Se fino a un momento prima moriva di fame, ora si accorge che l'appetito l'ha abbandonato.

«Non ho mai dimenticato la tua gentilezza», continua Jakub. «La notte che sono arrivato qui ero sicuro che sarei morto di fame e tu mi hai dato da mangiare.»

«Be', tu hai bisogno di più cibo degli altri.»

«Ho sentito dire che contrabbandavi cibo. È vero?»

«È per questo che sono finito qui. Le prigioniere che lavorano nel Canada mi procurano di nascosto denaro e pietre preziose che uso per comprare cibo e medicinali dagli abitanti del villaggio. Suppongo che qualcuno si sia sentito escluso e mi abbia denunciato.»

«Non sai chi?»

«Tu lo sai?»

«No, saperlo non è il mio lavoro. Il mio lavoro è ottenere dei nomi da te. I nomi di prigionieri che magari progettano la fuga o la resistenza, e naturalmente i nomi di quelli che ti portano denaro e gioielli di contrabbando.»

Lale distoglie lo sguardo, perché comincia ad accorgersi dell'enormità di quello che Jakub sta dicendo.

«Come te, *Tätowierer*, faccio quel che devo fare per sopravvivere.»

Lale annuisce.

«Devo picchiarti finché non mi dai dei nomi. Sono un assassino, Lale.»

Lale scrolla la testa e la fa ciondolare, mormorando tutte le imprecazioni che conosce.

«Non ho scelta.»

Un misto di emozioni imperversa dentro Lale. Nomi di prigionieri morti gli guizzano nella mente. Potrebbe dare quei nomi a Jakub? "No. Alla fine lo scopriranno e io sarò ancora qui."

«Il punto è che non posso permetterti di darmi dei nomi», aggiunge Jakub.

Lale lo fissa, confuso.

«Sei stato gentile con me e farò sembrare le botte peggiori di quello che sono, ma ti ucciderò prima di farti dire un nome. Voglio sporcarmi le mani con meno sangue innocente possibile», prosegue l'uomo.

«Oh, Jakub... Non avrei immaginato che ti avrebbero trovato questo lavoro. Mi spiace molto.»

«Se devo uccidere un ebreo per salvarne altri dieci, lo farò.»

Lale protende la mano e tocca la spalla di quell'uomo imponente. «Fai quel che devi fare.»

«Parla solo in yiddish», dice Jakub girandosi. «Non credo che qui le SS ti conoscano o sappiano che parli tedesco.»

«D'accordo, e yiddish sia.»

«Vengo a prenderti dopo.»

Di nuovo al buio, Lale riflette sulla sua sorte. Decide di non fare nomi. Ora è solo questione di chi lo ucciderà: un ufficiale delle SS annoiato a cui si sta raffreddando la cena, oppure Jakub, che commetterà un omicidio giusto per salvare altre persone. Un senso di quiete lo pervade mentre si rassegna a morire.

Qualcuno dirà a Gita quello che gli è successo o la sua ragazza passerà il resto della sua vita senza sapere nulla?

Lale piomba spossato in un sonno profondo.

«Dov'è?» ruggisce suo padre irrompendo in casa.

Ancora una volta Lale non si è presentato al lavoro. Il padre è rientrato tardi per cena perché ha dovuto fare il lavoro di Lale al suo posto. Lui scappa e cerca di nascondersi dietro la madre, trascinandola via dalla panca davanti a cui si trova e frapponendo così un ostacolo tra lui e suo padre. Lei stringe con le braccia dietro di sé e afferra quanto di Lale o dei suoi indumenti riesce a raggiungere, proteggendolo da ciò che, come minimo, sarebbe uno scappellotto in testa. Il padre non la sposta di forza e non fa altri tentativi di acchiappare Lale.

«A lui ci penso io», dice la madre. «Dopo cena lo punisco. Adesso siediti.»

Il fratello e la sorella di Lale roteano gli occhi. Cose già viste e sentite prima.

Più tardi quella sera Lale promette alla madre che cercherà di aiutare di più suo padre. Ma sarà difficile mantenere quella promessa, perché teme di finire come lui, precocemente invecchiato, troppo stanco per fare alla moglie un banale complimento sul suo aspetto o sui pasti che passa giornate intere a cucinargli. Lale non vuole diventare così.

«Sono il tuo preferito, non è vero, mamma?» chiedeva sempre. Se erano soli in casa, lei lo abbracciava stretto. «Sì, tesoro, lo sei.» Se suo fratello o sua sorella erano presenti, rispondeva: «Siete tutti i miei preferiti». Lale non ha mai sentito il fratello o la sorella fare quella domanda, ma potrebbero averlo fatto in sua assenza. Quando era un ragazzino, diceva spesso alla sua famiglia che, una volta cresciuto, avrebbe sposato la madre. Suo padre fingeva di non avere sentito. E litigava con i fratelli quando loro gli facevano notare che la madre era già sposata. Dopo aver interrotto quelle baruffe, la madre lo prendeva da parte e gli spiegava che un giorno avrebbe trovato qualcun'altra da amare e a cui voler bene. Lui non voleva mai crederle.

Da adolescente, ogni giorno tornava di corsa a casa da lei e la salutava con un abbraccio, e sentiva il suo corpo confortante, la sua pelle morbida, i baci che gli stampava in fronte.

«Che cosa posso fare per aiutarti?» diceva.

«Sei un così bravo ragazzo... un giorno sarai un marito meraviglioso.»

«Dimmi che cosa devo fare per essere un buon marito. Non voglio essere come papà. Non ti fa sorridere, non ti aiuta.»

«Il tuo papà lavora molto per guadagnare il denaro con cui provvedere a noi.»

«Lo so, ma non può fare tutt'e due le cose? Guadagnare e farti sorridere?»

«Ci sono un sacco di cose che devi imparare prima di crescere, giovanotto.»

«Allora insegnamele. Voglio piacere alla ragazza che sposerò, voglio renderla felice.»

Sua madre si sedeva e Lale prendeva posto davanti a lei. «Come prima cosa devi imparare ad ascoltarla. Anche se sei stanco, non essere mai troppo stanco per ascoltare quello che ha da dire. Impara cosa le piace e, ancora più importante, cosa non le piace. Quando puoi, falle dei regalini: fiori, cioccolatini... alle donne piacciono queste cose.»

«Quand'è stata l'ultima volta che papà ti ha fatto un regalo?»

«Non importa. Tu vuoi sapere cosa vogliono le ragazze, non cosa ricevo io.»

«Quando avrò dei soldi, ti porterò fiori e cioccolatini, te lo prometto.»

«È meglio che risparmi i tuoi soldi per la ragazza che ti ruberà il cuore.»

«Come farò a sapere chi è?»

«Oh, lo saprai.»

Lo stringeva tra le braccia e gli accarezzava i capelli: il suo ragazzo, il suo giovanotto.

L'immagine si dissolve – lacrime, il quadro si annebbia, lui strizza le palpebre – e Lale si raffigura Gita tra le sue braccia, mentre le accarezza i capelli.

«Avevi ragione, mamma, lo so.»

Jakub viene a prenderlo. Lo trascina per un corridoio fino a un bugigattolo privo di finestre. Un'unica lampadina pende dal soffitto. Un paio di manette dondola da una catena fissata al muro. Sul pavimento c'è un ramo di betulla. Due ufficiali delle SS parlottano fra loro, apparentemente incuranti della presenza di Lale. Lui strascica i piedi camminando all'indietro e non alza gli occhi dal pavimento. Senza preavviso, Jakub gli sferra un pugno in faccia, facendolo ruzzolare contro il muro. Adesso gli ufficiali prestano attenzione. Lale cerca di rialzarsi. Jakub solleva piano il piede destro all'indietro. Lale anticipa il calcio che sta per arrivare e si ritrae proprio nel momento in cui il piede di Jakub gli colpisce le costole, dopodiché esagera l'impatto rotolando, ansimando e stringendosi il petto. Mentre si rialza lentamente, Jakub gli tira un altro pugno in faccia. Stavolta lo fa con la massima forza, anche se prima ha segnalato la sua intenzione di colpirlo. Dal naso spaccato il sangue cola copioso. Jakub risolleva Lale senza tanti complimenti e lo ammanetta alla catena che penzola dal muro.

Il gigante raccoglie il ramo di betulla, strappa la camicia dalla schiena di Lale e lo fustiga cinque volte. Poi gli abbassa i pantaloni e le mutande e lo frusta altre cinque volte sulle natiche. Le urla di Lale non sono finte. Jakub gli tira indietro la testa con uno strattone.

«Dimmi i nomi dei prigionieri che rubano per te!» gli dice risoluto e minaccioso.

Gli ufficiali, immobili e indifferenti, continuano a guardare.

Lale scrolla la testa, piagnucolando. «Non lo so.» Jakub lo colpisce altre dieci volte. Il sangue scorre lungo le gambe. I due ufficiali cominciano a prestare più attenzione e si avvicinano. Jakub strattona indietro la testa di Lale e ringhia: «Parla!». Poi, all'orecchio, gli sussurra: «Di' che non lo sai e poi svieni». Quindi, di nuovo più forte: «Dicci i nomi!».

«Non li chiedo mai! Non li so, dovete credermi...»

Jakub gli dà un pugno nello stomaco. Lale piega le ginocchia, fa roteare gli occhi all'indietro e finge di svenire. Jakub si volta verso gli ufficiali delle SS.

«È un pappamolla. Se sapesse i nomi ce li avrebbe già detti.» Dà un calcio alle gambe di Lale che penzola dalla catena.

Gli ufficiali annuiscono ed escono dalla stanza.

La porta si chiude e Jakub libera in fretta Lale, facendolo coricare dolcemente sul pavimento. Con uno straccio nascosto nella camicia gli asciuga il sangue dal corpo e gli tira su delicatamente i pantaloni.

«Mi spiace molto, Lale.»

Lo aiuta ad alzarsi, lo riconduce nella sua stanza e lo corica sulla pancia.

«Sei stato bravo. Dovrai dormire così per un po'. Torno più tardi con dell'acqua e una camicia pulita. Adesso riposati.»

Nei giorni seguenti Jakub gli fa regolarmente visita portandogli cibo e acqua e, di tanto in tanto, un cambio di camicia. Gli fa il resoconto delle sue ferite e di come stanno guarendo. Lale sa che sarà marchiato per tutta la vita. "Forse è quello che si merita il *Tätowierer*."

«Quante volte mi hai colpito?» chiede Lale.

«Non lo so.»

«Sì che lo sai.»

«È finita, Lale, e stai guarendo. Lascia perdere.»

«Mi hai rotto il naso? Faccio fatica a respirare.»

«Probabilmente sì, ma non è grave. Il gonfiore è diminuito e praticamente non è deformato. Sei ancora bello. Le ragazze continueranno a correrti dietro.»

«Non voglio che le ragazze mi corrano dietro.»

«Perché?»

«Ho trovato quella che desidero.»

Un giorno la porta si apre e Lale alza lo sguardo pensando di salutare Jakub, invece vede due ufficiali delle SS. Gli fanno segno di alzarsi e di seguirli. Lui resta seduto mentre cerca di ricomporsi. "Che sia la fine? Sono pronto per il muro nero?" In silenzio dice addio alla sua famiglia e, infine, a Gita. Le SS cominciano a spazientirsi, entrano nella cella e gli puntano addosso i fucili. Lui li segue fuori con le gambe che gli tremano. Sentendo il sole sul viso per la prima volta da più di una settimana avanza barcollando tra i due ufficiali. Quando solleva gli occhi, pronto ad affrontare il suo destino, vede attorno a sé parecchi altri prigionieri che vengono ammassati su un camion. "Forse non è la fine?" I piedi gli cedono e gli ufficiali lo trascinano per il breve tratto fino al camion. Lo scaraventano sopra e lui non si gira a guardare. Si aggrappa a un lato del mezzo per tutto il tragitto fino a Birkenau.

20.

Lale viene fatto scendere dal camion e trascinato nell'ufficio dell'Oberscharführer Houstek. Le due SS lo reggono ciascuna per un braccio.

«Non abbiamo ottenuto niente da lui, nemmeno dopo che il Gigante Ebreo l'ha conciato per le feste», dice uno dei due.

Houstek si gira verso Lale, che alza la testa.

«Allora davvero non conoscevi i loro nomi? E non ti hanno sparato?»

«No, signore.»

«E ti hanno rimandato da me, eh? Così sei ancora un mio problema.»

«Sì, signore.»

Houstek si rivolge agli ufficiali.

«Portatelo al Blocco 31.» Guarda Lale. «Ti faremo sgobbare come un mulo prima che giunga la tua ora, ficcatelo bene in testa.»

Lale viene spinto fuori dall'ufficio. Cerca di stare al passo con gli ufficiali delle SS, ma a metà strada non ce la fa più: mentre lo trascinano, lascia brandelli di pelle dei piedi sulla ghiaia del campo. Gli ufficiali aprono la porta del Blocco 31 e lo buttano dentro prima di congedarsi. Lale resta disteso per terra, spossato nel corpo e nell'anima. Parecchi detenuti si avvicinano a lui con cautela. Due cercano di rialzarlo. Lale urla dal dolore e loro smettono. Allora uno gli solleva la camicia, rivelando i lividi estesi sulla schiena e sulle natiche. Stavolta lo sollevano con più delicatezza e lo depongono su una branda. Poco dopo Lale si addormenta.

«So chi è», dice uno dei prigionieri.

«Chi?» chiede un altro.

«È il *Tätowierer*. Non lo riconosci? Probabilmente ha tatuato anche il tuo numero.»

«Sì, hai ragione. Chissà chi ha fatto incazzare.»

«Quando ero nel Blocco 6 mi dava spesso delle razioni extra. Distribuiva sempre cibo.»

«Questo non lo so. Io sono stato solo in questo blocco. Ho fatto incazzare subito qualcuno il giorno in cui sono arrivato.» Gli uomini ridacchiano sommessamente.

«Non ce la fa a venire a mangiare. Gli porto un po' della mia cena, domani ne avrà bisogno.»

Poco dopo due uomini svegliano Lale, ognuno offrendogli un pezzetto di pane, che lui accetta con gratitudine.

«Devo uscire di qui», sussurra.

Gli uomini ridono.

«Certo, amico mio. Hai due opzioni, allora: una è rapida, l'altra potrebbe richiedere un po' più di tempo.»

«E quali sono?»

«Be', domani mattina puoi uscire e buttarti sul carro della morte quando fa il giro. Oppure puoi venire a lavorare nei campi con noi finché non stramazzi o implori le guardie di spararti.»

«Non mi piacciono queste opzioni. Devo trovare un altro modo.»

«Buona fortuna, amico mio. È meglio che ti riposi un po'. Ti aspetta una giornata lunga, specialmente nelle tue condizioni.»

Quella notte Lale sogna la sua partenza da casa.

La prima volta che se ne era andato era un giovane pieno di promesse in cerca di un futuro da fare suo. Avrebbe trovato un lavoro che gli piaceva e nel quale specializzarsi. Avrebbe fatto esperienze appaganti e visitato le città romantiche d'Europa di cui aveva letto nei libri: Parigi, Roma, Vienna. Soprattutto voleva trovare quella persona di cui si sarebbe innamorato e che avrebbe ricoperto di affetto e di tutte quelle cose che secondo sua madre erano importanti: fiori, cioccolatini, il suo tempo e la sua attenzione.

La seconda volta, la sua partenza, piena d'incertezze e d'ignoto, l'aveva scombussolato. Che cosa lo aspettava?

Era arrivato a Praga dopo un lungo viaggio emotivamente doloroso, lontano dalla famiglia. Come gli era stato ordinato, si era presentato al dipartimento governativo competente che gli aveva detto di trovare alloggio nelle vicinanze e di presentarsi ogni settimana fino a che non avessero stabilito il suo ruolo. A metà aprile, un mese dopo, gli avevano comunicato di presentarsi all'edificio scolastico con i suoi effetti personali. Lì lo avevano sistemato con numerosi altri giovani ebrei provenienti da tutta la Slovacchia.

Lale ci teneva alle apparenze e le condizioni in cui viveva non gli impedivano di curare più che poteva il suo aspetto esteriore. Ogni giorno si lavava e puliva i vestiti nei bagni della scuola. Non sapeva dove doveva andare, ma voleva essere certo di arrivarci con il suo aspetto migliore.

Dopo cinque giorni di ozio e di attesa, di paura e soprattutto di noia, Lale e gli altri avevano ricevuto l'ordine di raccogliere le proprie cose ed erano stati condotti alla stazione. Nessuno gli aveva spiegato dove fossero diretti. Un treno destinato al trasporto di bestiame si era fermato sui binari e gli uomini erano stati fatti salire a bordo. Alcuni avevano obiettato, spiegando a chi impartiva gli ordini che il vagone lurido era un insulto alla loro dignità. Lale aveva osservato la reazione e, per la prima volta, aveva visto i suoi connazionali puntare i fucili contro gli ebrei e picchiare quelli che continuavano a protestare. Era salito con tutti gli altri. Quando non erano più riusciti a spingere nessuno a bordo, i soldati dell'esercito slovacco avevano chiuso le porte del vagone e le avevano sprangate. In realtà quelli erano uomini che avrebbero dovuto proteggerlo.

Ancora adesso sente il rumore delle porte che vengono chiuse e sprangate, chiuse e sprangate.

La mattina seguente i due prigionieri gentili aiutano Lale a uscire dalla baracca e restano con lui in attesa dell'appello. "Da quanto tempo è che non sto in piedi così?" Numeri, numeri. La sopravvivenza dipende sempre dal tuo numero. Se il tuo kapò ti spunta dall'elenco, vuol dire che sei ancora vivo. Il numero di Lale è l'ultimo della lista, poiché è l'occupante più recente del Blocco 31. Non risponde la prima volta che lo chiamano, devono dargli un colpetto col gomito. Dopo una tazza di caffè vecchio e annacquato e una fetta sottile di pane raffermo, si mettono tutti in marcia diretti ai loro lavori.

Condotti in un terreno tra i due campi di Auschwitz e Birkenau, vengono costretti a portare grandi pietre da una parte all'altra. Quando tutte le pietre sono state spostate, viene detto loro di riportarle indietro. La giornata procede così. Lale pensa alle centinaia di volte che ha percorso quella strada e ha visto svolgersi quell'attività. "No, l'ho solo intravista. Non riuscivo a fermarmi a guardare ciò che quei disgraziati erano costretti a sopportare." Scopre in fretta che le SS sparano all'ultima persona che arriva con la sua pietra.

Lale deve impiegare tutta la forza che ha. Gli fanno male i muscoli, ma la mente è ancora vigorosa. Una volta si ritrova a un passo dalla morte, perché arriva penultimo. Quando termina la giornata, chi è ancora vivo raccoglie i corpi di quelli che sono stati uccisi e li riportano al campo. Lale è esentato da questa incombenza, ma gli viene detto che la concessione dura un giorno soltanto. Domani dovrà portare il suo peso, posto che sia ancora vivo.

Mentre con passo pesante rientrano a Birkenau, Lale vede Baretski oltre i cancelli. L'ufficiale lo raggiunge.

«Ho saputo quello che ti è successo.»

Lale lo guarda. «Può aiutarmi con una cosa?» Chiedendo assistenza ammette davanti agli altri uomini che è diverso da loro. Conosce Baretski e può domandargli aiuto. Mostrarsi amichevole verso il nemico gli provoca una vergogna pungente, ma ne ha bisogno.

«Forse... Di cosa si tratta?» Baretski sembra a disagio.

«Può consegnare un messaggio a Gita?»

«Vuoi davvero che sappia dove sei? Non è meglio se pensa che tu sia già morto?»

«Le dica solo esattamente dove sono, nel Blocco 31, e le dica di dirlo a Cilka.»

«Vuoi che la sua amica sappia dove sei?»

«Sì, è davvero importante. Lei capirà.»

«Mmm, lo farò se ne avrò voglia. È vero che avevi una fortuna in diamanti sotto il materasso?»

«Hanno detto niente dei rubini, degli smeraldi, dei dollari yankee e delle sterline inglesi e sudafricane?»

Baretski scrolla la testa, ride, e gli dà una pacca dolorosa sulla schiena prima di allontanarsi.

«Cilka. Gita deve dirlo a Cilka», gli urla Lale.

L'ufficiale lo liquida agitando il braccio all'indietro.

Baretski entra nel settore femminile nel momento in cui le donne si stanno mettendo in coda per la cena. Cilka lo vede avvicinarsi alla kapò e poi indicare Gita. La kapò fa cenno a Gita con un dito. Cilka avvicina Dana a sé mentre Gita cammina adagio verso Baretski. Non sentono che cosa dice ma, ricevuto il messaggio, Gita si copre il viso con le mani, poi si gira verso le amiche e si precipita tra le loro braccia.

«È vivo! Lale è vivo! Ha detto che devo dirti, Cilka, che è nel Blocco 31.»

«Perché a me?»

«Non lo so, ma ha detto che Lale insisteva perché te lo riferissi.»

«E lei cosa può fare?» interviene Dana.

Cilka distoglie lo sguardo e intanto la sua mente lavora in maniera febbrile.

«Non lo so», dice Gita, che non è dell'umore per analizzare la situazione in modo approfondito. «So solo che è vivo.»

«Cilka, che cosa puoi fare, come puoi aiutarlo?» la implora Dana.

«Ci penserò», dice Cilka.

«È vivo, il mio amore è vivo», ripete Gita.

Quella notte Cilka è tra le braccia di Schwarzhuber. Sa che non si è ancora addormentato perché si muove accanto a lei. Apre la bocca per dire qualcosa, ma si azzittisce quando lui toglie il braccio da sotto di lei.

«Stai bene?» chiede lei timidamente, temendo che una domanda così intima lo insospettisca.

«Sì.»

Nella sua voce c'è una tenerezza che non ha mai udito prima e, incoraggiata, Cilka insiste. «Non ho mai detto no a niente, vero? E non ti ho mai chiesto niente prima...»

«È vero», risponde lui.

«Posso chiederti una cosa?»

Lale sopravvive fino alla fine del giorno dopo. Fa la sua parte aiutando a riportare dentro uno degli uomini ammazzati. Si odia perché pensa solo alla sofferenza che prova e non ha quasi compassione per il morto. "Che cosa mi succede?" Passo dopo passo il dolore alla spalla minaccia di trascinarlo a terra. "Resisti, resisti."

Quando entrano nel campo, l'attenzione di Lale è catturata da due persone che si trovano sull'altro lato di una recinzione che separa i prigionieri dagli alloggi del personale. La minuta Cilka è in piedi accanto al Lagerführer Schwarzhuber. Sullo stesso lato di Lale una guardia sta parlando con loro. Lale si ferma, allentando la presa sul cadavere e facendo inciampare e cadere il prigioniero che regge l'altra estremità del corpo. Guarda Cilka, che gli restituisce l'occhiata prima di dire qualcosa a Schwarzhuber. Lui annuisce e indica Lale. Cilka e Schwarzhuber se ne vanno mentre la guardia si avvicina a lui.

«Vieni con me.»

Lale posa a terra le gambe dell'uomo che sta portando e, per la prima volta, lo guarda in faccia. La sua compassione ritorna e lui china la testa davanti alla tragica fine di un'altra vita. Rivolge uno sguardo di scuse all'altro uomo che portava il corpo con lui e si affretta a seguire la guardia. Gli altri detenuti del Blocco 31 lo fissano.

La guardia dice a Lale: «Mi hanno detto di portarti alla tua vecchia stanza nel campo nomadi».

«Conosco la strada», risponde Lale.

«Come preferisci.» Il soldato lo lascia da solo.

Lale si ferma fuori dal campo nomadi e osserva i bambini

che corrono qui e là. Parecchi lo guardano, cercando di capire se lo conoscono. Il *Tätowierer* è morto, hanno detto loro. Un ragazzino riconosce Lale e corre da lui, buttandogli le braccia attorno ai fianchi, abbracciandolo stretto, accogliendolo «a casa». Gli altri si uniscono e, di lì a breve, gli adulti escono dalla baracca per salutarlo. «Dove sei stato?» gli chiedono. «Sei ferito?» Lui svia tutte le domande.

Nadya è in fondo al gruppo e Lale scambia uno sguardo con lei. Facendosi strada tra gli uomini, le donne e i bambini, si ferma davanti alla donna. Con un dito le asciuga una lacrima da una guancia. «È bello vederti, Nadya.»

«Ci sei mancato. Mi sei mancato.»

Tutto ciò che Lale può fare è annuire. Deve tornare in fretta nella sua stanza prima di crollare davanti a tutti. Si precipita dentro, chiude la porta al resto del mondo e si corica sul suo vecchio letto.

21.

«Sei sicuro di non essere un gatto?»

Lale sente le parole e fatica a rendersi conto di dov'è. Apre gli occhi e vede Baretski che sogghigna chinato su di lui.

«Cosa?»

«Devi essere un gatto, perché sicuramente hai più vite di chiunque altro qui dentro.»

Lale si sforza di tirarsi su a sedere.

«È stata...»

«Cilka, sì, lo so. Dev'essere bello avere amici altolocati.»

«Darei volentieri la vita perché lei non avesse bisogno di amici altolocati.»

«Hai quasi dato la vita, ma non le sarebbe servito.»

«Sì, è una situazione per cui non posso fare nulla.»

Baretski ride. «Pensi davvero di gestire questi campi, eh? Al diavolo, magari è così. Sei ancora vivo e non dovresti esserlo. Come hai fatto a uscire dal Blocco 11?»

«Non ne ho idea. Quando mi hanno portato fuori ero sicuro di finire al muro nero, ma poi mi hanno buttato su un camion e riportato qui.»

«Non ho mai saputo di nessuno che sia scampato alla Strafkompanie, quindi, complimenti», dice Baretski.

«È un pezzo di storia che non ci tengo a scrivere. Come ho fatto a tornare alla mia vecchia stanza?»

«Facile. Hai riavuto il tuo vecchio lavoro.»

«Cosa?»

«Sei il *Tätowierer*, e posso solo dire grazie a Dio. L'eunuco che ti aveva sostituito non è alla tua altezza.»

«Houstek mi fa riavere il mio lavoro?»

«Io gli starei alla larga. Non voleva che tu tornassi, voleva farti fucilare. È stato Schwarzhuber a dire che ti dovevano ridare il tuo vecchio lavoro.»

«Devo procurarmi almeno del cioccolato per Cilka.»

«Non farlo, *Tätowierer*. Sarai tenuto sotto stretta sorveglianza. Adesso sbrigati, ti porto al lavoro.»

Mentre escono dalla stanza, Lale dice: «Mi spiace di non essere riuscito a farle avere le calze di nylon che voleva. Mi ero organizzato, ma è andato tutto a monte».

«Be', almeno ci hai provato. In ogni caso non è più la mia fidanzata, mi ha mollato.»

«Mi spiace. Spero non sia stato a causa di qualcosa che le ho suggerito di dirle.»

«Non credo. Solo che ha conosciuto qualcuno che abita nella sua stessa città, anzi, che diavolo, nello stesso paese.»

Lale riflette se sia il caso di aggiungere qualcos'altro, ma decide di concludere così la conversazione. Baretski lo scorta fuori dalla baracca e lo conduce nel campo, dove gli uomini scaricati da un camion sono sottoposti alla selezione. Lale sorride tra sé e sé alla vista di Leon che lavora, posa la penna per tatuare, versa l'inchiostro. Baretski si allontana e Lale si avvicina a Leon da dietro.

«Serve aiuto?»

Leon si gira, rovesciando una boccetta d'inchiostro mentre afferra la mano di Lale e la stringe con vigore, colmo di gioia.

«È bellissimo vederti!» esclama.

«Credimi, è bello essere tornato. Come stai?»

«Piscio ancora da seduto, ma per il resto tutto bene. Molto meglio, adesso che sei qui.»

«Allora diamoci dentro, perché a quanto pare ce ne hanno mandati un bel po'.»

«Gita sa che sei tornato?» chiede Leon.

«Penso di sì. È stata la sua amica Cilka a farmi uscire.»

«Quella che...?»

«Sì. Proverò a vederle domani. Dammi una di quelle penne, meglio che non fornisca loro il pretesto per rinchiudermi ancora dov'ero.»

Leon gli porge la sua penna mentre rovista nella borsa di

Lale cercandone un'altra. Insieme cominciano a lavorare e tatuano i nuovi inquilini di Birkenau.

Il pomeriggio seguente, quando le ragazze escono dal lavoro, Lale attende fuori dall'edificio dell'amministrazione. Dana e Gita non lo vedono finché non se lo trovano davanti che taglia loro la strada. Passa un istante prima che reagiscano, dopodiché entrambe le ragazze gli buttano le braccia al collo e lo abbracciano stretto. Dana piange, mentre Gita non versa una lacrima. Lale le lascia andare e prende la mano di ciascuna di loro.

«Siete sempre belle, tutt'e due», dice.

Gita gli dà uno schiaffetto sul braccio con la mano libera. «Pensavo che fossi morto. Di nuovo. Pensavo che non ti avrei più rivisto.»

«Anch'io», aggiunge Dana.

«E invece no. Grazie a te e a Cilka, non sono morto. Sono qui con voi due, dove devo essere.»

«Ma...» obietta Gita.

Lale la tira verso di sé e la stringe forte.

Dana gli dà un bacio sulla guancia. «Vi lascio da soli. È così bello vederti, Lale. Pensavo che Gita sarebbe morta di crepacuore se tu non fossi tornato presto.»

«Grazie, Dana. Sei una buona amica per entrambi», mormora Lale.

Dana si allontana, con il sorriso ancora stampato in faccia.

Centinaia di prigionieri passano tutt'attorno mentre loro stanno fermi in mezzo al campo, senza sapere cosa fare.

«Chiudi gli occhi», dice Lale.

«Cosa?»

«Chiudili e conta fino a dieci.»

«Perché?»

«Fallo e basta.»

Un occhio alla volta, Gita ubbidisce. Conta fino a dieci, poi li apre.

«Non capisco, Lale.»

«Sono ancora qui. Non ti lascerò più.»

«Dai, dobbiamo andare», lo incalza lei.

Camminano verso il settore femminile. Senza nulla con cui corrompere la kapò, Lale non può rischiare che Gita arrivi in ritardo. Si appoggiano delicatamente l'uno all'altra.

«Non so quanto potrò ancora sopportare tutto questo.»

«Non può durare per sempre, tesoro. Non mollare, resisti. Abbiamo tutta una vita da passare insieme.»

«Ma...»

«Nessun ma. Ti ho promesso che usciremo da qui e ci costruiremo una vita insieme.»

«Come facciamo? Non sappiamo che cosa accadrà domani. Guarda cosa ti è appena successo!»

«Adesso sono qui con te, no?»

«Lale...»

«Lascia stare, Gita.»

«Vuoi dirmi com'è andata? Dove sei stato?»

Lale scrolla la testa. «No. Adesso sono di nuovo con te. Quello che importa è ciò che ti ho detto tante volte, che usciremo da questo posto e vivremo una vita libera insieme. Fidati di me, Gita.»

«Lo voglio.»

A Lale piace il suono di quelle parole.

«Un giorno quelle due paroline le dirai in altre circostanze. Davanti a un rabbino, circondati dai nostri familiari e dai nostri amici.»

Gita sorride e posa per un istante la testa sulla spalla di Lale, quando raggiungono l'ingresso del settore femminile.

Mentre Lale sta tornando al suo blocco, due ragazzi si avvicinano e lo affiancano.

«Sei il *Tätowierer*?»

«Chi vuole saperlo?»

«Ci hanno detto che potresti procurarci del cibo extra.»

«Chiunque ve l'abbia detto si è sbagliato.»

«Possiamo pagare», ribatte uno di loro, aprendo il pugno chiuso e mostrando un diamante piccolo ma perfetto. Lalc stringe i denti.

«Su, prendilo. Se potessi farci avere qualcosa, te ne saremmo davvero grati, capo.»

«In che blocco siete?»
«Il numero nove.»
"Quante vite ha un gatto?"

La mattina seguente Lale si aggira nei dintorni del cancello principale, con la borsa in mano. Le SS si avvicinano a lui due volte.
«*Politische Abteilung*», dice in entrambi i casi, e viene lasciato in pace. Però è più ansioso del solito. Victor e Yuri si staccano da una fila di uomini che sta entrando nel campo e lo salutano calorosamente.
«Dobbiamo chiederti dove eri finito?» domanda Victor.
«Meglio di no», risponde Lale.
«Hai ripreso gli affari?»
«Non come prima. Riduco l'attività, d'accordo? Solo un po' di cibo extra, se potete, e niente calze di nylon.»
«Certo, bentornato!» esclama Victor con entusiasmo.
Lale protende la mano, Victor la prende e il diamante passa da una mano all'altra.
«È un anticipo. Ci vediamo domani?»
«A domani.»
Yuri continua a fissarlo. «È bello rivederti», dice pacatamente.
«Anche rivedere te, Yuri. Sei cresciuto?»
«Sì, credo di sì.»
«Senti, non è che per caso hai del cioccolato con te? Vorrei davvero passare un po' di tempo con la mia ragazza.»
Yuri tira fuori una tavoletta dalla borsa e gliela porge facendogli l'occhiolino.
Lale fila dritto al Blocco 29, nel settore femminile. La kapò è al solito posto a godersi il sole. Vede Lale che si avvicina.
«*Tätowierer*, che piacere rivederti.»
«Ha perso peso? Ha un bell'aspetto», dice Lale, con una sottile traccia di ironia.
«Sei scomparso per un po'.»
«Adesso sono tornato.» Le porge il cioccolato.
«Vado a prendertela.»
Lale la osserva avviarsi verso l'edificio dell'amministrazio-

ne e parlare con un'ufficiale donna delle SS che c'è fuori, dopodiché entra nella baracca e si siede ad aspettare che Gita varchi la soglia. Non deve attendere a lungo prima che lei appaia. Si chiude la porta alle spalle e va verso di lui. Lui si alza e si appoggia al pilastro del letto. Teme di dover faticare per trovare le parole da dire. Sul viso indossa la maschera dell'autocontrollo.

«Fare l'amore ogni volta che vogliamo e ovunque lo vogliamo. Forse non siamo ancora liberi, ma io scelgo qui e ora. Che cosa ne dici?»

Lei si butta tra le sue braccia, soffocandolo di baci. Non appena cominciano a spogliarsi, Lale si ferma e trattiene le mani di Gita.

«Mi avevi chiesto se ti avrei detto dov'ero quando sono scomparso e io ti avevo risposto di no, ricordi?»

«Sì.»

«Be', continuo a non volerne parlare, ma c'è una cosa che non posso tenerti nascosta. Ora non spaventarti, sto bene, ma sono stato un po' malmenato.»

«Fammi vedere.»

Lale si toglie piano la camicia e le mostra la schiena. Lei non dice nulla, ma passa delicatamente le dita sui lividi. Poi è il turno delle labbra, e allora lui capisce che non serve dire altro. Fanno l'amore con dolcezza e lentezza. Lale sente le lacrime gonfiargli gli occhi e le ricaccia indietro. È l'amore più profondo che abbia mai provato.

22.

Lale trascorre lunghe giornate estive con Gita oppure pensando a lei. Tuttavia il loro carico di lavoro non è diminuito, tutt'altro: migliaia di ebrei ungheresi arrivano ad Auschwitz e Birkenau ogni settimana. Il risultato è che scoppiano disordini sia nel campo maschile sia in quello femminile. Lale ha scoperto perché. Quanto più è alto il numero sul braccio di qualcuno, tanto minore è il rispetto che gli portano tutti gli altri. Ogni volta che un'altra nazionalità arriva in grandi numeri, ne conseguono dispute territoriali. Gita gli ha raccontato del settore femminile. Le ragazze slovacche, che sono lì da più tempo, non provano simpatia per le giovani ungheresi che non tollerano di non avere diritto agli stessi benefici che le slovacche hanno contrattato con tanta fatica. Gita e le sue amiche credono che il fatto di essere sopravvissute fino a quel momento dovrebbe contare qualcosa. Per esempio hanno ottenuto abiti informali dal Canada e non devono più indossare pigiami a strisce bianche e blu. E non sono disposte a condividere i loro piccoli privilegi. Quando scoppiano le liti le SS non prendono le parti di nessuno, e tutte coloro che sono coinvolte vengono punite con la stessa mancanza di pietà. Si vedono negare le misere razioni di cibo, vengono frustate, a volte ricevono un solo colpo con il calcio di un fucile o col manganello, mentre in altri casi vengono picchiate selvaggiamente e le altre sono costrette a guardare.

Gita e Dana si tengono alla larga dalle zuffe. Gita ha già abbastanza problemi nell'affrontare le gelosie meschine suscitate dal suo lavoro in amministrazione, dalla sua amicizia con Cilka, che sembra godere di protezioni altolocate, e, naturalmente, dalle visite del fidanzato che lavora come *Tätowierer*.

Lale è quasi completamente immune alle dispute del campo. Lavorando con Leon e con un manipolo di altri prigionieri, oltre che con le SS, è lontano dalle difficoltà di migliaia di uomini che muoiono di fame e devono lavorare e combattere allo stesso tempo. Vivere in mezzo ai rom, inoltre, gli garantisce un senso di sicurezza e di appartenenza. Si rende conto di essersi creato uno stile di vita più comodo rispetto alle condizioni della maggioranza. Lavora quando deve farlo, passa con Gita tutto il tempo che riesce a rubare, gioca con i bambini rom, parla con i loro genitori – in genere con gli uomini più giovani, ma anche con le donne più anziane, alle quali vuole molto bene. Ama il modo in cui si prendono cura di tutti, non soltanto della loro famiglia biologica. Non ha ottimi rapporti con gli uomini di una certa età, che per lo più se ne stanno seduti e non interagiscono con i bambini, con i giovani e persino con le donne anziane. Quando li guarda, Lale pensa spesso a suo padre.

Una notte viene svegliato dalle urla delle SS, dai cani che abbaiano, dagli strilli di donne e bambini. Apre la porta e, sbirciando fuori, vede uomini, donne e ragazzini del suo blocco costretti a uscire dall'edificio. Resta a guardare finché l'ultima donna, che stringe a sé un neonato, non viene scaraventata fuori nella notte. Allora esce anche lui, li segue e si ferma, sbigottito, mentre tutte le altre baracche degli zingari vengono evacuate. Migliaia di persone sono caricate sui camion. Il campo è illuminato e decine di SS con i loro cani accerchiano la folla, sparando a chiunque non obbedisca immediatamente all'ordine: «Salite sul camion!».

Lale riconosce un ufficiale e lo ferma. «Dove li portano?» chiede.

«Vuoi unirti a loro, *Tätowierer*?» risponde l'uomo che continua a camminare.

Lale sprofonda nell'ombra e passa in rassegna la folla. Vede Nadya e corre da lei. «Nadya, non andare», la implora.

Lei si sforza di sorridere coraggiosamente. «Non ho scelta, Lale. Vado dove va la mia gente. Addio, amico mio, è stato...» Un ufficiale la spintona via prima che possa finire la frase.

Lale, paralizzato, resta a osservare fino a che l'ultima persona non è salita sui camion. Quando partono, rientra adagio nella baracca sinistramente silenziosa. Torna a letto, ma il sonno non arriva.

La mattina Lale, stravolto, raggiunge Leon ed entrambi lavorano forsennatamente a mano a mano che arrivano i nuovi trasporti.

Mengele scruta le file di persone silenziose e si dirige lentamente verso la postazione dei tatuatori. Quando si avvicina, a Leon tremano le mani. Lale cerca di rivolgergli uno sguardo rassicurante, ma il bastardo che l'ha mutilato è solo a pochi passi di distanza. Mengele si ferma e li osserva lavorare. Di tanto in tanto studia da vicino i tatuaggi, aumentando l'agitazione di Lale e Leon. La sua smorfia micidiale non lo abbandona mai. Cerca di stabilire un contatto visivo con Lale, che non alza mai gli occhi al di sopra del braccio su cui sta lavorando.

«*Tätowierer, Tätowierer...*» dice il medico chinandosi sul tavolino. «Forse oggi vengo a prenderti.» Inclina la testa in modo curioso, sogghignando, e sembra che goda del disagio di Lale. Poi, dopo essersi divertito, si allontana.

Qualcosa di leggero si deposita sulla testa di Lale, che alza lo sguardo. Il crematorio lì vicino erutta cenere. Lui comincia a tremare e fa cadere la penna per tatuare. Leon cerca di sorreggerlo.

«Lale, che succede? Cos'è che non va?»

Il grido di Lale è soffocato da un singhiozzo. «Bastardi, bastardi schifosi!»

Leon afferra Lale per un braccio e cerca di fargli riacquistare il controllo di sé mentre Mengele guarda nella loro direzione e ritorna verso il tavolino. Lale non ci vede più dalla rabbia. È fuori di sé. "Nadya." Tenta disperatamente di trattenersi quando il medico è di nuovo accanto a lui. Ha la sensazione di dover vomitare.

Sente il respiro di Mengele in faccia. «È tutto a posto qui?»

«Sì, *Herr Doktor*, tutto a posto», risponde Leon tremante.

Poi si china e raccoglie la penna di Lale. «Si è solo rotta la penna. L'aggiustiamo e riprendiamo subito a lavorare.»

«Non hai una bella cera, *Tätowierer*. Vuoi che ti visiti?» chiede Mengele a Lale.

«Sto bene, è solo una penna rotta», tossisce lui. Tiene la testa bassa, distoglie lo sguardo e cerca di rimettersi al lavoro.

«*Tätowierer!*» ringhia Mengele.

Lale si gira di nuovo verso il dottore, serrando la mascella, il capo ancora chino. Mengele ha sfoderato la pistola, che tiene mollemente al fianco.

«Avrei potuto spararti per esserti girato.» Mengele solleva la pistola e la punta alla fronte di Lale. «Guardami. Potrei spararti ora. Cosa ne dici?»

Lale alza la testa ma rivolge lo sguardo alla fronte del dottore, rifiutandosi di guardarlo negli occhi. «Sì, *Herr Doktor*, mi spiace. Non succederà più, *Herr Doktor*», mormora.

«Tornate al lavoro. State perdendo tempo!» ringhia Mengele prima di allontanarsi. Lale guarda Leon e indica la cenere che sta piovendo tutt'attorno a loro.

«L'altra notte hanno sgomberato il campo nomadi.»

Leon porge a Lale la sua penna per tatuare, prima di riprendere a sua volta a lavorare, in silenzio. Lale alza lo sguardo, in cerca del sole, che però è nascosto dalla cenere e dal fumo.

Quella sera ritorna al suo blocco, ora occupato dalle persone che lui e Leon hanno marchiato poco prima. Si rinchiude nella sua stanza. Non vuole stringere amicizia con nessuno. Non stasera. Mai più. Nel suo blocco vuole solo il silenzio.

23.

Per settimane il tempo che Lale e Gita trascorrono insieme è avvolto dal silenzio. Gita cerca invano di consolarlo: lui le ha raccontato quello che è successo e, pur comprendendo la sua angoscia, lei non la condivide nella stessa misura. Non è colpa sua se non ha mai conosciuto «l'altra famiglia» di Lale. Le piaceva sentire le sue storie sui bambini e sui loro tentativi di divertirsi, senza giocattoli, prendendo a calci palloni fatti di neve o di detriti, facendo a gara a chi saltava più in alto fino a toccare le tavole di legno che ricoprivano l'edificio, e soprattutto giocando a rincorrersi. Lei cerca di indurlo a parlare della sua famiglia biologica, ma Lale, ostinato, si rifiuta di rivelare altro finché anche lei non condividerà informazioni sulla propria vita. Gita non sa come spezzare l'incantesimo del dolore di Lale. Per due anni e mezzo hanno entrambi tenuto testa al peggio dell'umanità, ma questa è la prima volta che vede Lale sprofondare nella depressione. «E le migliaia di morti tra la nostra gente?» gli urla un giorno. «E quello che hai visto ad Auschwitz con Mengele? Sai quanta gente è passata per questi due campi? *Lo sai?*» Lale non risponde. «Io vedo le schede con i nomi e le età – bambini, nonni –, vedo i nomi e i numeri. E non mi capacito di quanto siano numerosi.»

Non serve che Gita gli ricordi quante persone sono passate per i campi. È lui che li ha tatuati sulla pelle. La guarda, lei sta studiando il terreno. Si accorge che, se per lui erano solo numeri, per Gita erano dei nomi. Il suo lavoro fa sì che di quelle persone lei sa più di quanto ne sappia lui. Conosce i loro nomi, la loro età, e Lale si rende conto che questa conoscenza la ossessionerà per sempre.

«Scusami, hai ragione», le dice. «Ogni morte è una morte di troppo. Cercherò di non essere così cupo.»

«Voglio che con me tu sia te stesso, ma questa faccenda va avanti da troppo tempo, Lale, e per noi una giornata è molto tempo.»

«Intelligente, e bella. Non li dimenticherò mai, lo sai.»

«Non potrei amarti se lo facessi. Erano la tua famiglia, lo so. So che è strano per me dirlo, ma renderai loro onore restando vivo, sopravvivendo a questo luogo, e raccontando al mondo quello che è successo.»

Lale si china per baciarla, il cuore gonfio d'amore e sofferenza.

Si sente il rimbombo di un'esplosione enorme che fa tremare il suolo sotto i piedi. Dal loro rifugio dietro la baracca dell'amministrazione balzano in piedi e corrono sul davanti. Una seconda esplosione li fa guardare in direzione del crematorio, dove si solleva il fumo e si scatena un pandemonio. I lavoratori del Sonderkommando scappano dall'edificio, la maggior parte verso la recinzione che circonda il campo. Dalla cima del crematorio risuonano dei colpi di arma da fuoco. Lale alza lo sguardo e lassù vede i Sonderkommando che sparano selvaggiamente. Le SS rispondono con il fuoco pesante delle mitragliatrici. Nel giro di pochi minuti hanno messo fine agli spari.

«Che cosa succede?» chiede Gita.

«Non lo so. Dobbiamo rientrare.»

Attorno a loro i proiettili colpiscono il terreno via via che le SS prendono di mira chiunque gli capiti sotto tiro. Lale schiaccia Gita contro un muro. Un'altra forte esplosione.

«È il Crematorio 4, qualcuno lo sta facendo saltare in aria. Dobbiamo allontanarci da qui.»

I prigionieri che scappano dall'edificio dell'amministrazione vengono falcidiati.

«Devo riportarti alla tua baracca, è l'unico posto in cui sarai al sicuro.»

Dagli altoparlanti viene diffuso un annuncio: «Tutti i prigionieri ritornino nei propri blocchi. Non apriremo il fuoco se rientrate adesso».

«Vai, sbrigati.»

«Sono terrorizzata, portami con te!» piange lei.

«Stanotte sarai più al sicuro nella tua baracca, credimi. Faranno l'appello. Tesoro, non devi farti beccare fuori dal tuo blocco.»

Lei esita.

«Vai adesso! Resta nella tua baracca stanotte e domani vai a lavorare come sempre. Non devi dar loro nessun motivo per venirti a cercare. Domani devi svegliarti.»

Lei fa un respiro profondo e si mette a correre.

Salutandola Lale le dice: «Vengo a cercarti domani. Ti amo».

Quella sera Lale contravviene alla sua regola e si unisce agli uomini della sua baracca, per lo più ungheresi, con lo scopo di scoprire il più possibile sugli avvenimenti del pomeriggio. Molti sanno che cosa è successo. Alcune donne che lavorano in una fabbrica di munizioni nei dintorni hanno contrabbandato polvere da sparo in piccole quantità, introducendola a Birkenau nascosta sotto le unghie. L'hanno fatta avere al Sonderkommando, che ha fabbricato delle granate rudimentali utilizzando scatolette di sardine. Hanno anche accumulato armamenti, tra cui piccole armi da fuoco, coltelli e asce.

I prigionieri del blocco di Lale avevano sentito voci di un'insurrezione generale a cui volevano aggregarsi, ma non credevano che fosse prevista per quel giorno: erano a conoscenza del fatto che i russi stavano avanzando e che l'insurrezione doveva coincidere con il loro arrivo, per aiutarli a liberare il campo. Lale si rimprovera per non avere fatto amicizia prima con i suoi compagni di blocco. Ignorare tutto questo ha quasi ucciso Gita. Interroga a lungo gli uomini su ciò che sanno dei russi e su quando potrebbero arrivare. Le risposte sono vaghe, ma bastano a suscitare in lui un moderato ottimismo.

Sono passati mesi da quando l'aereo americano ha sorvolato il campo. I trasporti sono continuati senza sosta. Non ha visto scemare l'impegno della macchina nazista nello sterminio degli ebrei e di altri gruppi. Eppure questi ultimi arrivi hanno un contatto più attuale con il mondo esterno. "Forse la liberazione è vicina." È determinato a riferire a Gita ciò che ha appreso e a chiederle di restare vigile in ufficio raccogliendo ogni informazione possibile.

Finalmente un barlume di speranza.

24.

È un autunno freddo e pungente. Molti perdono la vita. Lale e Gita restano aggrappati al loro barlume di speranza. Gita racconta alle sue compagne di baracca delle previsioni sui russi e le incoraggia a credere che sopravvivranno ad Auschwitz. All'inizio del 1945 la temperatura precipita ulteriormente. Gita non riesce a impedire che il morale sprofondi. I cappotti caldi provenienti dal Canada non scacciano il gelo e la paura di un altro anno rinchiusi nel mondo dimenticato di Auschwitz-Birkenau. Il trasporto di vite umane rallenta. Questo ha un effetto perverso sui prigionieri che lavorano per le SS, in particolare sul Sonderkommando. Poiché hanno meno lavoro da svolgere, corrono un rischio maggiore di essere giustiziati. Per quanto riguarda Lale, ha accumulato qualche riserva, ma le sue scorte di nuova valuta sono diminuite molto. E gli abitanti del luogo, compresi Victor e Yuri, non vengono più a lavorare al campo. I cantieri sono fermi. Lale ha sentito notizie incoraggianti secondo cui i due crematori danneggiati dalle esplosioni provocate dai combattenti per la resistenza non verranno riparati. Per la prima volta da che si ricordi, da Birkenau parte più gente di quanta ne arrivi. Gita e le sue colleghe fanno a turno nello sbrigare le pratiche di quelli che vengono mandati via, probabilmente in altri campi di concentramento.

Un giorno di gennaio inoltrato in cui la neve copre fitta il terreno, Lale viene a sapere che Leon è «andato via». Mentre cammina al fianco di Baretski, gli chiede se sa dove sia finito. L'ufficiale non gli dà una risposta e avverte Lale che anche lui potrebbe finire su un trasporto in partenza da Birkenau. Il tatuatore, però, per ora riesce a restare defilato e a non farsi troppo notare, dato che non deve presentarsi all'appello ogni mattina e sera. Spera che questo lo farà restare al campo. Tuttavia non è altrettanto fiducioso che vi rimanga Gita. Baretski esplode nella sua solita risata subdola. La notizia della morte probabile di Leon attinge a riserve di dolore che Lale non sapeva di avere.

«Lei vede il suo mondo riflesso in uno specchio, ma io ho uno specchio diverso», dice.

Baretski si ferma. Guarda Lale, che regge il suo sguardo.

«Io guardo nel mio e vedo un mondo che abbatterà il suo», aggiunge Lale.

Baretski sorride. «E pensi che sarai vivo per poterlo vedere?»

«Sì, penso di sì.»

Il militare mette la mano sulla pistola nella fondina. «Potrei mandare in frantumi il tuo specchio proprio adesso.»

«Non lo farà.»

«Sei stato fuori al freddo troppo a lungo, *Tätowierer*, vai a scaldarti e ritorna in te», conclude Baretski prima di allontanarsi.

Lale lo guarda andarsene. Sa che se s'incontrassero a notte fonda in condizioni di parità sarebbe lui ad andarsene via. Lale non si farebbe scrupoli a togliere la vita a quest'uomo. Avrebbe lui l'ultima parola.

Una mattina di fine gennaio Gita incespica nella neve, correndo verso la baracca di Lale, un posto a cui lui le ha sempre raccomandato di non avvicinarsi.

«Sta succedendo qualcosa!» grida.

«Cosa vuoi dire?»

«Le SS si comportano in modo strano. Sembrano in preda al panico.»

«Dov'è Dana?» chiede Lale preoccupato.

«Non lo so.»

«Trovala. Torna nella tua baracca e resta lì finché non arrivo.»

«Voglio stare con te.»

Lale la stacca da sé tenendola a debita distanza.

«Sbrigati, Gita, trova Dana e vai al tuo blocco! Vengo a cercarti appena posso. Devo scoprire cosa succede. Sono settimane che non ci sono nuovi arrivi, potrebbe essere l'inizio della fine.»

Gita si volta e si allontana da Lale, che raggiunge l'edificio dell'amministrazione e con cautela entra nell'ufficio che conosce bene. Dentro regna il caos. Le SS urlano contro le impiegate terrorizzate, che si rannicchiano dietro le scrivanie mentre i soldati strappano loro di mano libri, schede e scartoffie. Un'impiegata delle SS passa di corsa davanti a Lale, le mani piene di documenti e registri. Lale va a sbatterle addosso facendole cadere quello che sta portando.

«Mi scusi. Ecco, lasci che l'aiuti.»

Entrambi si chinano per raccogliere le carte.

«Sta bene?» chiede lui con quanta più gentilezza possibile.

«Credo che ormai tu sia disoccupato, *Tätowierer.*»

«Perché? Cosa succede?»

La donna si avvicina a Lale e sussurra: «Sgomberiamo il campo, a partire da domani».

Lale ha un tuffo al cuore. «Che cosa mi può dire di più? La prego.»

«I russi. Stanno arrivando.»

Lale si precipita dall'amministrazione al settore femminile. La porta del Blocco 29 è chiusa e fuori non c'è nessuno di guardia. Entrando, Lale trova le donne ammassate sul fondo. C'è anche Cilka. Si radunano tutte intorno a lui, terrorizzate e piene di domande.

«Tutto quello che posso dirvi è che, a quanto pare, le SS stanno distruggendo i documenti. Una di loro mi ha detto che i russi sono vicini.» Tace la notizia che il campo verrà sgomberato il giorno dopo, perché non vuole creare ulteriori allarmismi ammettendo che non sa dove andranno.

«Cosa pensi faranno di noi le SS?» chiede Dana.

«Non lo so. Spero che scapperanno e lasceranno liberare il campo ai russi. Cercherò di scoprire qualcos'altro. Tornerò e vi dirò quello che sarò venuto a sapere. Non uscite dalla baracca. È probabile che là fuori ci siano guardie dal grilletto facile.»

Afferra entrambe le mani di Dana. «Dana, non so cosa accadrà, ma intanto che ne ho la possibilità voglio dirti che ti sarò sempre grato per aver dato a Gita la tua amicizia. So che l'avete spinta a perseverare tutte le volte in cui lei avrebbe voluto mollare.»

Si abbracciano. Lale la bacia sulla fronte e poi la consegna a Gita. Ora si gira verso Cilka e Ivana e le avvolge entrambe in un abbraccio forte.

A Cilka dice: «Sei la persona più coraggiosa che abbia mai conosciuto. Non devi sentirti minimamente in colpa per ciò che è accaduto qui. Sei innocente, ricordalo sempre».

Tra i singhiozzi lei risponde: «Ho fatto quello che dovevo per sopravvivere. Se non l'avessi fatto, qualcun altro avrebbe sofferto per mano di quel maiale».

«Devo la mia vita a te, Cilka, e non lo dimenticherò mai.»

Poi Lale si volta verso Gita.

«Non dire niente. Non osare dire una parola», lo ammonisce lei.

«Gita...»

«No. Non devi dire niente tranne che ci vediamo domani. Non voglio sentire altro da te.»

Lale guarda quelle giovani donne e si rende conto che non è rimasto nulla da dire. Sono state rinchiuse nel campo che erano solo delle ragazze e adesso, da giovani donne – nessuna di loro ha ancora ventun anni –, sono distrutte, rovinate. Sa che non diventeranno le donne che dovevano essere. Il loro futuro è deragliato e non potrà tornare sugli stessi binari. Le immagini che un tempo avevano di sé come figlie, sorelle, mogli e madri, lavoratrici, viaggiatrici e amanti saranno contaminate da ciò di cui sono state testimoni e da ciò che hanno dovuto sopportare.

Senza altre parole le lascia per andare in cerca di Baretski e di informazioni su quello che accadrà il giorno dopo. Ma non lo trova da nessuna parte, così si trascina verso la sua baracca, dove gli ungheresi sono ansiosi e preoccupati. Dice loro quel che sa, ma non è di grande consolazione.

Nella notte gli ufficiali delle SS entrano nelle baracche del settore femminile e tracciano una pennellata di rosso acceso sulla schiena della casacca di ogni ragazza. Ancora una volta le donne vengono marchiate per il destino che le aspetta. Gita, Dana, Cilka e Ivana si consolano al pensiero di essere state segnate nello stesso modo. Qualunque cosa accadrà domani, accadrà per tutte quante: insieme vivranno o moriranno.

In piena notte, dopo che si è finalmente addormentato, Lale viene svegliato da un gran trambusto. Ci vuole qualche istante prima che i rumori penetrino nel suo cervello intontito. I ricordi della notte in cui i rom sono stati portati via lo inondano. "Che cos'è questo nuovo orrore?" Gli spari dei fucili lo risvegliano del tutto. Dopo essersi infilato le scarpe e avvolto una coperta attorno alle spalle, esce con cautela dalla stanza. Migliaia di prigioniere vengono messe in fila. Tra loro e tra le guardie regna un'evidente confusione, come se nessuno sapesse esattamente che cosa aspettarsi. Le SS non prestano alcuna attenzione a Lale che cammina su e giù lungo le file di donne addossate l'una all'altra per il freddo e la paura di ciò che le aspetta. La neve continua a cadere e aumenta il disordine notturno. Scappare è impossibile. Lale vede un cane che azzanna le gambe di una ragazza e la fa cadere a terra. Un'amica si china per afferrarle la mano e aiutarla a rialzarsi, ma l'ufficiale delle SS che tiene il cane estrae la pistola e spara alla donna caduta.

Lale si affretta, percorre le file con lo sguardo, cercando disperatamente. Finalmente la vede. Gita e le sue amiche vengono spinte verso il cancello principale e si tengono strette. Cerca Cilka, ma non la trova da nessuna parte in quella marea di donne. Torna a concentrarsi su Gita, che ha la testa bassa, e dal movimento delle spalle intuisce che sta singhiozzando. "Finalmente piange, ma io non posso consolarla." Dana lo vede, trascina Gita fuori dalla fila e le indica Lale. La giovane alza lo sguardo e incrocia quello di Lale. Gli occhi di Gita sono umidi e imploranti, quelli di Lale sono colmi di pena. Distratto da Gita, Lale non vede l'ufficiale che lo sta osservando. Non è in grado di scansare il fucile che lo colpisce al volto e lo fa cadere in ginocchio. Gita e Dana strillano e cercano di risalire la fila di donne. Inutilmente. Vengono risucchiate dall'ondata di corpi in movimento. Lale si sforza di alzarsi, col sangue che gli scorre lungo il viso dal grande squarcio sopra l'occhio destro. In preda alla frenesia si tuffa nella folla in movimento, scandagliando ogni fila di donne disperate. Quando si avvicina al cancello, la rivede, a distanza di un braccio. Una guardia gli si piazza davanti e gli punta la bocca del fucile nel petto.

«Gita!» urla lui.

Il mondo di Lale sta vorticando. Riesce solo ad alzare lo sguardo verso il cielo che sembra solo farsi più scuro mentre si annuncia il mattino. Al di sopra del rumore delle guardie che urlano e dei cani che abbaiano lui la sente.

«Furman. Il mio nome è Gita Furman!»

Lui cade in ginocchio davanti alla guardia immobile e urla: «Ti amo!».

Nessuna replica. La guardia si allontana. Le grida delle donne sono cessate. I cani smettono di abbaiare.

I cancelli di Birkenau vengono chiusi.

Lale resta in ginocchio sotto la neve, che continua a cadere fitta. Il sangue che cola dalla ferita gli imbratta il viso. È rimasto solo. Ha fallito. Un ufficiale viene verso di lui.

«Morirai assiderato. Dai, torna al tuo blocco.»

Gli tende la mano e lo aiuta a rialzarsi. Un atto di gentilezza da parte del nemico, in extremis.

Colpi di cannone ed esplosioni svegliano Lale la mattina dopo. Quando si precipita fuori con gli ungheresi è accolto dalle SS in preda al panico e da un parapiglia di prigionieri e carcerieri in movimento, all'apparenza noncuranti gli uni degli altri.

I cancelli principali sono spalancati.

Centinaia di prigionieri li varcano, senza che nessuno li ostacoli. Deboli e confusi per la malnutrizione, senza meta, alcuni vagano incespicando e poi scelgono di tornare nei loro blocchi per sfuggire al freddo. Lale oltrepassa il cancello che ha varcato centinaia di volte per andare ad Auschwitz. Nelle vicinanze c'è un treno che erutta fumo nel cielo, pronto a partire. Le guardie e i cani cominciano a radunare gli uomini e a spingerli verso il treno. Lale resta coinvolto nella mischia e finisce per arrampicarsi a bordo. Le porte del suo convoglio vengono chiuse di colpo e lui si fa largo verso un fianco per sbirciare all'esterno. Centinaia di prigionieri continuano a girare senza sapere dove andare. Appena il treno si mette in moto, vede le SS che aprono il fuoco su quelli che rimangono.

Resta in piedi a guardare attraverso le assicelle del vagone, attraverso la neve che cade fitta e impietosa, mentre Birkenau scompare.

25.

Gita e le sue amiche sono in marcia. Come altre migliaia di donne provenienti da Birkenau e Auschwitz arrancano lungo un sentiero stretto, con la neve che arriva fino alle caviglie. Lei e Dana vengono separate da Ivana e Cilka. Con la maggiore circospezione possibile cercano tra le file, ben consapevoli che ogni movimento di chi si stacca dal gruppo è punito con un proiettile. Chiedono un centinaio di volte: «Avete visto Cilka, avete visto Ivana?». La risposta è sempre la stessa. Le donne si sorreggono a vicenda intrecciando le braccia. A intervalli apparentemente casuali le guardie le fanno fermare e dicono loro di riposarsi. Affrontano il freddo e si siedono nella neve, qualsiasi cosa pur di dare un po' di sollievo ai piedi. Molte restano lì quando giunge l'ordine di proseguire: morte o moribonde, incapaci di fare un altro passo.

Il giorno diventa notte e continuano a marciare. I numeri si assottigliano e così è ancora più arduo sfuggire all'occhio vigile delle SS. Durante la notte Dana cade in ginocchio. Non riesce più ad andare avanti. Gita si ferma con lei e per un po' nessuno le nota, protette dalle altre donne. Dana ripete a Gita di proseguire, di lasciarla dov'è. Gita protesta. Preferisce morire lì con la sua amica, in un campo da qualche parte in Polonia. Quattro ragazze si fermano e si offrono di portare Dana, che però non glielo vuole permettere e dice loro invece di proseguire portando con sé Gita. Quando un ufficiale delle SS si avvicina, le quattro giovani fanno alzare Gita e la trascinano con loro. Gita si gira e guarda il militare, che si è fermato accanto a Dana. Evidentemente pensa che sia già morta e va avanti senza estrarre la pistola. Non risuona alcuno sparo. Le ragazze continuano a trascinare Gita. Non la lasciano andare quando tenta di liberarsi per tornare da Dana.

Nell'oscurità le donne avanzano barcollando e quasi non si accorgono più del rumore degli spari occasionali. Non si girano più per vedere chi è caduto.

Con il sorgere del giorno vengono fatte fermare in un campo, nei pressi di un binario ferroviario. Una locomotiva e parecchi carri bestiame sono lì che aspettano. "Mi hanno portata qui. Adesso mi porteranno via", pensa Gita. Ha saputo che le quattro ragazze con cui sta camminando adesso sono polacche e non ebree. Giovani polacche sottratte alle loro famiglie per ragioni ignote. Vengono da quattro città diverse e non si conoscevano prima di Birkenau.

Dall'altra parte del campo c'è una casa solitaria, dietro la quale si estende una vasta foresta. Le SS ringhiano ordini mentre la locomotiva viene alimentata con il carbone. Le ragazze polacche si rivolgono a Gita e una di loro dice: «Noi facciamo una corsa verso quella casa. Se ci sparano moriamo qui, ma non vogliamo più andare avanti. Vuoi venire con noi?».

Gita si alza in piedi.

Una volta che si mettono a correre, le ragazze non si voltano più. L'azione di caricare migliaia di donne sul treno ha distratto le guardie. Qualcuno apre la porta della casa prima che loro la raggiungano. Dentro crollano davanti al fuoco che ruggisce, inondate dall'adrenalina e dal sollievo. Qualcuno gli mette in mano bevande calde e fette di pane. Le ragazze polacche parlano freneticamente ai padroni di casa, che scrollano la testa increduli. Gita non dice nulla, perché non vuole che il suo accento tradisca il fatto che non è polacca. È meglio che i loro salvatori pensino che sia una connazionale, quella silenziosa. Il proprietario della casa dice che non possono restare lì perché i tedeschi perquisiscono spesso l'abitazione. Dice loro di togliersi le casacche. Le porta fuori dal retro e, quando ritorna, le pennellate rosse sono scomparse e le casacche odorano di benzina.

Dall'esterno sentono provenire spari ripetuti e, sbirciando attraverso le tende, vedono che le donne sopravvissute sono finalmente state caricate sul treno. Corpi inermi punteggiano la neve accanto ai binari. L'uomo dà alle ragazze l'indirizzo di un parente in un villaggio vicino, oltre a una scorta di pane e una coperta. Lasciano la casa e s'inoltrano nella foresta, dove passano la notte sul terreno gelato, rannicchiate insieme nel vano tentativo di riscaldarsi. Gli alberi spogli forniscono scarsa protezione sia dallo sguardo altrui sia dagli agenti atmosferici.

Sta calando la sera quando arrivano nel villaggio successivo. Il sole è tramontato e i lampioni proiettano luci fioche. Sono costrette a chiedere a una passante come raggiungere l'indirizzo che stanno cercando. La donna gentile le accompagna fino alla strada e alla casa, e resta in attesa mentre bussano alla porta.

«Badate a loro», dice quando la porta si apre, e se ne va.

La padrona di casa si fa da parte mentre le ragazze entrano. Quando la porta è chiusa, spiegano chi le ha mandate lì.

«Sapete chi era quella, poco fa?» balbetta la donna.

«No», risponde una delle ragazze.

«È una SS. Un'ufficiale superiore delle SS.»

«Pensa che sappia chi siamo?»

«Non è stupida. Ho sentito dire che è una delle persone più crudeli nei campi di concentramento.»

Una vecchia esce dalla cucina.

«Mamma, abbiamo delle ospiti. Queste poverette erano in uno dei campi. Dobbiamo dar loro qualcosa di caldo da mangiare.»

La vecchia signora fa tante cerimonie con le ragazze, le porta in cucina, le fa sedere a tavola. Gita non ricorda l'ultima volta che si è seduta su una sedia a un tavolo di cucina. Dalla stufa la donna scodella loro una zuppa calda e poi le tempesta di domande. Le padrone di casa decidono che non è sicuro farle restare lì, perché temono che l'ufficiale delle SS denunci la loro presenza.

La donna più anziana si scusa ed esce di casa. Poco dopo ritorna con una vicina. Casa sua ha sia una soffitta sia una cantina. È disposta a lasciare che le cinque ragazze dormano in soffitta. Lassù staranno meglio grazie al calore del camino che sale, diversamente dalla cantina che è molto fredda. Spiega che non potranno stare in casa durante il giorno perché i tedeschi possono perquisire tutte le case in qualsiasi momento, anche se sembra che si stiano ritirando.

Gita e le sue quattro amiche polacche dormono in soffitta ogni notte e trascorrono le giornate nascoste nei boschi circostanti. La notizia della loro permanenza si diffonde nel piccolo villaggio e il prete del luogo chiede ai suoi parrocchiani di portare del cibo alla padrona di casa per le sue ospiti. Dopo qualche giorno gli ultimi tedeschi rimasti vengono scacciati dai soldati russi che avanzano, molti dei quali si stabiliscono nella proprietà proprio di fronte alla casa in cui dormono Gita e le sue amiche. Una mattina le ragazze escono in ritardo per andare nei boschi e vengono fermate da un russo che fa la guardia fuori dall'edificio. Loro gli mostrano i tatuaggi e cercano di spiegargli dove sono state e come sono fuggite. Impietosito dalla loro difficile situazione, il soldato si offre di mettere qualcuno di guardia fuori dalla casa. Questo significa che non devono più trascorrere le giornate nei boschi. Il posto in cui vivono non è più un nascondiglio segreto e le giovani ricevono un sorriso o un cenno dai soldati quando vanno e vengono.

Un giorno uno dei soldati rivolge a Gita una domanda diretta e, quando lei risponde, capisce immediatamente che non è polacca. Lei gli spiega che è slovacca. Quella sera lui bussa alla porta e le presenta un giovane che indossa l'uniforme russa ma che in realtà viene dalla Cecoslovacchia. I due parlano fino a notte fonda.

Le ragazze sfidano la sorte restando accanto al fuoco la sera fino a tardi. Si è instaurato un certo autocompiacimento. Una sera vengono colte alla sprovvista quando la porta d'ingresso si spalanca e un russo ubriaco entra barcollando. Le giovani vedono la loro «guardia» stesa a terra fuori, priva di sensi. Agitando una pistola, il russo sceglie una delle ragazze e cerca di strapparle i vestiti e, contemporaneamente, si abbassa i pantaloni. Gita e le altre strillano. Di lì a poco parecchi soldati russi irrompono nella stanza. Vedendo l'uomo sopra una ragazza, uno di loro estrae la pistola e gli spara alla testa. Lui e i suoi compagni trascinano l'aspirante stupratore fuori di casa e si profondono in scuse per ciò che è successo.

Traumatizzate, le ragazze decidono che è ora di andarsene. Una di loro ha una sorella che viveva a Cracovia e che forse è ancora là. Per scusarsi ulteriormente per l'aggressione della sera precedente, un soldato russo di rango superiore procura loro un autista e un furgoncino per condurle a Cracovia.

Trovano la sorella nel suo piccolo appartamento sopra una drogheria. L'abitazione è gremita di gente: amici senza casa che erano fuggiti dalla città e che ora vi stanno tornando. Nessuno ha soldi. Per tirare avanti vanno ogni giorno al mercato e rubano un prodotto alimentare a testa. Con quel bottino la sera preparano la cena.

Un giorno, al mercato, Gita drizza le orecchie quando sente un camionista che parla la sua lingua madre mentre scarica le derrate. Da lui viene a sapere che i camion percorrono la tratta da Bratislava a Cracovia parecchie volte la settimana per consegnare frutta fresca e verdure. L'uomo accetta la sua richiesta di unirsi a loro per il viaggio di ritorno. Corre a casa e comunica alle persone con cui vive che sta per andarsene. Dire addio alle quattro amiche con cui è fuggita è molto difficile. Loro la accompagnano al mercato e la salutano mentre il camion che trasporta lei e due suoi connazionali parte in direzione di una serie di incognite. Da tempo ha accettato la morte dei suoi genitori e delle sue due sorelle minori, ma prega che almeno uno dei suoi fratelli sia sopravvissuto. Il fatto di essere diventati partigiani che combattono con i russi potrebbe averli salvati.

A Bratislava, proprio come era accaduto a Cracovia, Gita si unisce a molti altri sopravvissuti dai campi in appartamenti condivisi e affollati. Registra il suo nome e il suo indirizzo alla Croce Rossa, poiché le hanno detto che così fanno tutti i prigionieri che ritornano, nella speranza di trovare parenti e amici scomparsi.

Un pomeriggio guarda fuori dalla finestra del suo appartamento e vede due giovani soldati russi che scavalcano la recinzione posteriore della proprietà in cui abita. È terrorizzata, ma quando si avvicinano riconosce i suoi due fratelli, Doddo e László. Si precipita giù per le scale, spalanca la porta e li abbraccia con tutta la forza che ha. Non osano fermarsi, le dicono. Anche se i russi hanno liberato la città dai tedeschi, gli abitanti del luogo diffidano di chiunque indossi l'uniforme russa. Non volendo rovinare la breve dolcezza del loro incontro, Gita tiene per sé ciò che sa del resto della famiglia. Lo scopriranno presto, e non è una cosa di cui si può parlare in pochi minuti rubati.

Prima che se ne vadano, Gita racconta loro che anche lei ha indossato un'uniforme russa: è il primo vestito che le è stato dato all'arrivo ad Auschwitz. Ridono quando dice che stava meglio a lei che non a loro.

26.

Il treno di Lale attraversa la campagna. Lui è appoggiato alla parete del vagone e giocherella con le due sacche legate all'interno dei pantaloni, contenenti le gemme che, rischiando, ha portato con sé. Il grosso lo ha lasciato sotto il materasso: chiunque perquisirà la sua stanza potrà prendersele.

Più tardi quella sera il treno si ferma con un cigolio e, imbracciando i fucili, le SS ordinano a tutti di scendere, come avevano fatto quasi tre anni prima a Birkenau. Un altro campo di concentramento. Uno degli uomini del suo vagone salta giù con lui.

«Conosco questo posto. Ci sono già stato.»

«Sì?» dice Lale.

«Mauthausen, in Austria. Non così terribile come Birkenau, ma poco ci manca.»

«Io sono Lale.»

«Joseph, piacere di conoscerti.»

Dopo che tutti sono scesi, le SS fanno cenno agli uomini di entrare negli edifici e trovarsi un posto dove dormire. Lale segue Joseph in una baracca. Qui i prigionieri muoiono di fame – scheletri rivestiti di pelle –, ma hanno ancora abbastanza vita per difendere il proprio territorio.

«Levatevi dalle palle, qui non c'è spazio!»

Un uomo per pagliericcio, ognuno rivendica il suo spazio e sembra pronto a combattere per proteggerlo. In due altre baracche ricevono la stessa risposta. Finalmente ne trovano una con più spazio e occupano il loro territorio. Quando altri vi entrano in cerca di un posto in cui dormire, loro li salutano nel modo che hanno fatto proprio: «Fuori dalle palle, qui siamo al completo».

La mattina seguente Lale vede degli uomini uscire dalle baracche adiacenti e mettersi in fila. Capisce che verrà spogliato, perquisito e interrogato su chi è e da dove viene. Di nuovo. Dalla sua sacca con le gemme prende i tre diamanti più grandi e se li infila in bocca, poi corre sul retro della baracca mentre gli uomini si stanno ancora radunando e sparpaglia lì le gemme restanti. L'ispezione della fila di uomini nudi ha inizio. Osserva le guardie che aprono la bocca di quelli davanti a lui, così fa rotolare i diamanti sotto la lingua. Ha la bocca già aperta prima che il gruppo d'ispezione arrivi da lui. Dopo un'occhiata rapida passano oltre.

Per parecchie settimane Lale ozia senza combinare praticamente nulla, insieme con tutti gli altri prigionieri. L'unica cosa che può fare è osservare, in particolare le SS che li sorvegliano, e cercare di capire a chi avvicinarsi e chi evitare. Comincia a parlare di tanto in tanto con uno di loro. La guardia è colpita dal fatto che Lale parli bene tedesco. Ha sentito di Auschwitz e Birkenau ma non ci è mai stato, e vuole saperne di più. Lale ne dipinge un ritratto lontano dalla realtà. Non ci guadagnerebbe nulla a raccontare a questo tedesco la vera natura del trattamento ricevuto dai prigionieri laggiù. Gli racconta quello che faceva e aggiunge che preferiva di gran lunga lavorare che oziare. Qualche giorno dopo la guardia gli chiede se vorrebbe trasferirsi in un sottocampo di Mauthausen, alla Saurer-Werke di Vienna. Pensando che non sia molto peggio di lì e, rassicurato dalla guardia sul fatto che le condizioni sono leggermente migliori e che il comandante è troppo vecchio per darsene pena, Lale accetta l'offerta. Il soldato sottolinea che quel campo non accetta gli ebrei, quindi è meglio che stia zitto e buono riguardo alla sua religione.

Il giorno dopo la guardia dice a Lale: «Raccogli le tue cose, perché esci da qui».

Lale si guarda attorno: «Già raccolte».

«Parti con un camion tra un'ora circa. Mettiti in coda al cancello, il tuo nome è sulla lista», ride.

«Il mio nome?»

«Sì, però devi tenere nascosto il braccio e il numero, d'accordo?»

«Devo rispondere al mio nome?»

«Sì, non dimenticartelo. Buona fortuna.»

«Prima di andare vorrei darti una cosa.»

La guardia lo osserva perplessa. Dalla bocca Lale estrae un diamante, lo pulisce con la camicia e glielo dà. «Adesso non puoi dire che non hai mai avuto niente da un ebreo.»

Vienna. Chi non vorrebbe visitare Vienna? Per Lale era stata una meta da sogno durante i suoi anni da *viveur.* Persino il nome suona romantico, gravido di stile e di possibilità. Però lui sa che adesso la città non sarà all'altezza di tale percezione.

Le guardie non si curano granché di Lale e degli altri quando arrivano. I prigionieri trovano una baracca e gli viene detto dove e quando consumare i pasti. I pensieri di Lale sono tutti rivolti a Gita e a come raggiungerla. Non sopporta più di essere smistato di campo in campo.

Per svariati giorni osserva ciò che lo circonda. Vede il comandante che cammina traballante e si domanda come faccia a respirare ancora. Attacca bottone con alcune guardie ben disposte e cerca di comprendere le dinamiche tra i prigionieri. Una volta scoperto che probabilmente è l'unico internato slovacco, decide di starsene per i fatti suoi. Polacchi, russi e italiani passano giornate intere a chiacchierare con i loro connazionali, e quest'attività tende a isolare Lale.

Un giorno, due giovani si avvicinano timidamente a lui. «Dicono che eri il *Tätowierer* ad Auschwitz.»

«Chi lo dice?»

«Qualcuno ha detto che pensava di conoscerti da là e che tatuavi i prigionieri.»

Lale afferra la mano del giovane e gli solleva la manica. Nessun numero. Si gira verso l'altro uomo.

«E tu? Eri là?»

«No, ma è vero quello che dicono?»

«Ero il *Tätowierer,* e allora?»

«Niente, chiedevamo e basta.»

I ragazzi se ne vanno e Lale riprende a fantasticare. Non vede le SS che si avvicinano finché non lo sollevano in piedi di peso e lo trascinano in un edificio adiacente. Lale si ritrova davanti al vecchio comandante che fa un cenno a uno degli ufficiali. Questo solleva la manica di Lale e scopre il numero.

«Sei stato ad Auschwitz?» gli chiede il comandante.

«Sì, signore.»

«Allora sei ebreo?»

«No, signore, sono cattolico.»

Il comandante inarca le sopracciglia. «Ah sì? Non sapevo che ci fossero dei cattolici ad Auschwitz.»

«C'erano tutte le religioni, signore, con i delinquenti e i politici.»

«Sei un delinquente?»

«No, signore.»

«E non sei ebreo?»

«No, signore, sono cattolico.»

«Hai risposto no due volte. Te lo chiedo un'altra volta. Sei ebreo?»

«No. Ecco, lasci che glielo dimostri.» Così dicendo, Lale slaccia lo spago che gli regge i pantaloni e li lascia calare a terra. Infila le dita dietro nelle mutande e fa per abbassarle.

«Fermati. Non occorre farmi vedere. D'accordo, puoi andare.»

Tirandosi su i pantaloni e cercando di controllare il respiro, che minaccia di tradirlo, Lale esce in fretta dall'ufficio. Oltrepassata la porta, si ferma e si accascia su una sedia. L'ufficiale alla scrivania lo guarda.

«Tutto a posto?»

«Sì, sto bene, ho avuto solo un piccolo capogiro. Sa che giorno è oggi?»

«È il 22, no, aspetta, il 23 aprile. Perché?»

«Niente, grazie. Addio.»

Fuori Lale guarda i prigionieri pigramente seduti nel campo e le guardie ancora più oziose. "Tre anni, vi siete presi tre anni della mia vita. Non avrete un giorno di più." Sul retro delle baracche Lale cammina scuotendo la recinzione, in cerca di un punto debole. Non gli ci vuole molto prima di trovarne uno. La rete si stacca all'altezza del suolo e lui riesce a tirarla verso di sé. Senza neppure curarsi se qualcuno lo osservi, vi striscia sotto e si allontana con calma.

Una foresta gli fornisce riparo dalle pattuglie tedesche. A mano a mano che vi si inoltra, sente il rumore dei cannoni e i colpi dei fucili. Non sa se andare in quella direzione o scappare in quella opposta. Durante una breve tregua ode un ruscello che scorre. Per raggiungerlo deve avvicinarsi agli spari, ma ha sempre avuto una buona bussola interna ed è convinto di fare la scelta giusta. Se sull'altra sponda del ruscello ci sono i russi, o persino gli americani, sarà ben felice di arrendersi. Via via che la luce del giorno volge verso la sera, in lontananza scorge i lampi degli spari e delle cannonate. Però vuole ancora raggiungere l'acqua e, spera, un ponte e una strada. Quando vi arriva si trova di fronte un fiume, più che un ruscello. Guarda dall'altra parte e ascolta il rombo dei cannoni. "Devono essere i russi. Vengo dalla vostra parte." Calandosi nell'acqua, Lale è sbalordito da quanto è gelida. Lentamente nuota nel fiume, badando a non smuovere troppo l'acqua con le sue bracciate per non farsi notare se qualcuno fosse nelle vicinanze. Fa una pausa, alza la testa e ascolta. Gli spari sono più vicini. «Merda», mormora. Smette di nuotare e lascia che la corrente lo trasporti direttamente sotto il fuoco incrociato, come se fosse un tronco o un cadavere da ignorare. Quando gli sembra di aver evitato le armate che si combattono, nuota freneticamente fino all'altra riva. Si issa fuori e trascina il corpo fradicio nel folto degli alberi, prima di crollare tra i brividi e svenire.

27.

Lale si sveglia quando avverte il sole sul viso. I vestiti si sono un po' asciugati e sente il rumore del fiume che scorre più sotto. Striscia sulla pancia tra gli alberi che l'hanno nascosto durante la notte e raggiunge il ciglio di una strada su cui stanno avanzando dei soldati russi. Decide di accelerare il suo piano per ritornare a casa.

Lale alza le mani e si porta al centro della strada, allarmando i militari che sollevano immediatamente i fucili.

«Sono slovacco. Sono stato tre anni in un campo di concentramento.»

I soldati si scambiano un'occhiata.

«Vaffanculo», sbotta uno di loro, e continuano a camminare. Un altro gli dà uno spintone passandogli accanto. Lui resta immobile parecchi minuti mentre diversi altri soldati lo oltrepassano, ignorandolo. Accettando la loro indifferenza, Lale prosegue e riceve solo un'occhiata di tanto in tanto. Decide di muoversi in senso contrario rispetto a loro. Si dice che probabilmente i russi stanno per scontrarsi con i tedeschi, quindi la direzione opposta è quella ragionevole. Alla fine una jeep gli si ferma accanto. Un ufficiale seduto sul sedile posteriore lo fissa attentamente.

«E tu chi diavolo sei?»

«Sono slovacco. Sono stato prigioniero ad Auschwitz per tre anni.» Solleva la manica sinistra per mostrare il numero tatuato.

«Mai sentito niente.»

Lale deglutisce. Per lui è inimmaginabile che un luogo così pieno di orrori non sia noto.

«È in Polonia, non so dirvi altro.»

«Parli perfettamente russo. Altre lingue?» chiede il soldato.

«Slovacco, tedesco, francese, ungherese e polacco.»

L'ufficiale lo scruta con ancora più attenzione. «E dove pensi di andare?»

«A casa, in Slovacchia.»

«Invece no. Ho il lavoro giusto per te. Monta.»

Lale vorrebbe scappare, ma non avrebbe alcuna possibilità, così sale sul posto del passeggero.

«Fai marcia indietro, torna al quartier generale», ordina l'ufficiale all'autista.

La jeep sobbalza su buche e fosse, tornando nella direzione da cui è venuta.

Dopo aver percorso qualche chilometro si avvicinano a un piccolo villaggio. Attraversatolo, svoltano in una strada sterrata che s'inerpica verso un grande chalet in cima a una collina affacciata su una valle incantevole. Entrano in un ampio viale circolare dove sono parcheggiate numerose automobili dall'aspetto lussuoso. Ai lati di un imponente portone d'ingresso ci sono due guardie. La jeep si ferma con una sbandata, l'autista esce in fretta e furia e apre la portiera per il superiore seduto dietro.

«Vieni con me», dice l'ufficiale a Lale.

Lui lo segue nell'atrio dello chalet. Si ferma, sconvolto dall'opulenza che gli si para davanti. Una scalinata grandiosa, opere d'arte – dipinti e arazzi su ogni muro – e mobili di una qualità mai vista prima. Varcando la soglia, Lale è entrato in un mondo al di là della sua comprensione. Dopo quello che ha vissuto, è quasi doloroso.

L'ufficiale si avvia verso una sala che si apre sull'atrio facendo cenno a Lale di seguirlo. Entrano in un salone, squisitamente ammobiliato, dove spiccano una scrivania in mogano e la persona che vi siede dietro. A giudicare dall'uniforme e dai distintivi che l'accompagnano, Lale dev'essere in presenza di un ufficiale russo di altissimo rango. Quando entrano, l'uomo alza lo sguardo.

«Chi abbiamo qui?»

«Sostiene di essere stato prigioniero dei nazisti per tre anni. Credo che sia ebreo, ma non penso che abbia qualche importanza. Quello che importa è che parla sia russo, sia tedesco», dice l'ufficiale.

«E quindi?»

«Pensavo che potrebbe esserci utile. Sa, a parlare con la gente del luogo.»

L'ufficiale anziano si appoggia allo schienale e sembra riflettere. «Mettilo a lavorare, allora. Trova qualcuno che lo sorvegli e sparagli se cerca di scappare.» Mentre Lale viene accompagnato fuori dalla stanza l'ufficiale anziano aggiunge: «Ripuliscilo un po' e dagli dei vestiti migliori».

«Sì, signore, penso che ci tornerà utile.»

Lale segue l'ufficiale. "Non so cosa vogliano da me, ma se si traduce in un bagno e dei vestiti puliti..." Attraversano l'atrio e salgono al ballatoio del primo piano. Lale nota che sopra ci sono altri due piani. Entrano in una camera da letto, il russo si dirige verso l'armadio e lo apre. Indumenti femminili. Senza dire una parola esce ed entra nella camera accanto. Stavolta, indumenti maschili.

«Trova qualcosa della tua taglia che ti stia bene. Nella stanza accanto dovrebbe esserci un bagno. Lavati, io torno tra poco.»

Lale si chiude la porta alle spalle e si guarda attorno nella stanza. Ci sono un grande letto a baldacchino drappeggiato con coperte pesanti e montagne di cuscini di ogni foggia e misura, un cassettone che gli sembra di solido ebano, un tavolino completo di lampada Tiffany e una poltrona ricoperta di fini ricami. Come vorrebbe che Gita fosse lì... Soffoca il pensiero. Non può permettersi di pensare a lei. Non ancora.

Lale accarezza con la mano gli abiti e le camicie nell'armadio, sia eleganti sia informali, e tutti gli accessori necessari a far risorgere il Lale di un tempo. Sceglie un completo e lo solleva verso lo specchio, ammirandone l'aspetto: gli starà praticamente a pennello. Lo butta sul letto, e poco dopo vi aggiunge una camicia bianca. Da un cassetto sceglie mutande morbide, calzini freschi di bucato e una cintura di pelle marrone liscia. In un altro armadio trova un paio di scarpe lucide che si abbinano perfettamente al vestito. Vi infila i piedi nudi: sono perfette.

Una porta conduce nel bagno contiguo. Accessori d'oro scintillano sullo sfondo delle piastrelle bianche che rivestono i muri e i pavimenti, una grande finestra dai vetri colorati proietta in tutto lo spazio la luce del tardo pomeriggio, che assume sfumature gialle e verde scuro. Lale entra nella stanza e resta immobile a lungo, godendosi l'attesa. Poi fa scorrere l'acqua nella vasca e vi s'immerge, deliziandosene finché non si raffredda. Aggiunge altra acqua bollente, senza fretta di terminare subito il suo primo bagno dopo tre anni. Alla fine esce dalla vasca e si asciuga con il telo morbido appeso a una sbarra insieme con tanti altri. Ritorna in camera da letto e si veste lentamente, assaporando il contatto del cotone liscio, del lino e dei calzini di lana. Niente che lo graffi, lo irriti o che gli penda informe dal corpo rinsecchito. Ovviamente il proprietario di quegli indumenti era snello.

Resta seduto per un po' sul letto in attesa che torni il suo sorvegliante, poi decide di esplorare più a fondo la stanza. Scosta dei tendaggi enormi e scopre le portefinestre che danno su un balcone. Le apre con entusiasmo ed esce all'esterno. "Uau. Dove sono?" Un prato immacolato e un giardino si stendono davanti ai suoi occhi, fino a scomparire in una foresta. Ha una visuale perfetta del viale circolare e osserva le numerose automobili che accostano e depositano altri ufficiali russi. Poi sente la porta della stanza che si apre, si gira e vede il suo sorvegliante accompagnato da un altro soldato di rango più basso. Rimane sul balcone. I due uomini lo raggiungono e guardano il parco.

«Molto bello, non trovi?» dice il sorvegliante di Lale.

«Vi siete sistemati bene. Una scoperta mica male.»

Il sorvegliante ride. «Eh, sì. Questo quartier generale è un po' più comodo di quello che avevamo al fronte.»

«Volete dirmi qual è il mio ruolo?»

«Questo è Fredrich. Sarà la tua guardia e ti sparerà se cercherai di fuggire.»

Lale guarda l'uomo. I muscoli delle braccia gonfiano le maniche della camicia e i pettorali minacciano di far esplodere i bottoni che li trattengono. Le labbra sottili non formano né un sorriso né una smorfia. Lale gli fa un cenno di saluto che non viene contraccambiato.

«Non sarà solo la tua guardia qui, ma ti porterà anche al villaggio ogni giorno per fare acquisti per noi.»

«Che cosa devo comprare?»

«Be', non il vino, ne abbiamo una cantina piena. Il cibo lo comprano i cuochi, che sanno di cosa hanno bisogno...»

«E dunque resta...»

«Il divertimento.»

Lale mantiene un'espressione neutra.

«Andrai al villaggio ogni mattina a cercare delle signorine interessate a passare un po' di tempo con noi la sera. Hai capito?»

«Devo fare il ruffiano per voi?»

«Hai compreso perfettamente.»

«Come faccio a convincerle? Devo dire loro che siete tutti dei begli uomini e che le tratterete bene?»

«Ti daremo delle cose per invogliarle.»

«Che genere di cose?»

«Vieni con me.»

I tre uomini scendono al piano di sotto ed entrano in una stanza sontuosa. Lì un ufficiale apre un grande caveau inserito in un muro. Il sorvegliante prende due cofanetti di metallo che posa sulla scrivania. In uno c'è denaro contante, nell'altro gioielli. Lale vede che gli scaffali del caveau contengono altri cofanetti simili.

«Fredrich ti porterà qui ogni mattina e tu prenderai i soldi e i gioielli per le ragazze. Ce ne servono da otto a dieci ogni sera. Mostra loro il compenso e, se necessario, aggiungi una piccola somma di denaro. Di' loro che riceveranno il saldo quando la serata sarà terminata e che poi saranno riaccompagnate a casa sane e salve.»

Lale tenta d'infilare la mano nel cofanetto dei gioielli, che però viene richiuso con un colpo secco.

«Avete già fissato un prezzo con loro?» chiede.

«Quello lasciamo che sia tu a stabilirlo. Fai l'affare migliore che puoi. Hai capito?»

«Certo, volete manzo di prima qualità al prezzo di una salsiccia.» Lale sa qual è la cosa giusta da dire.

L'ufficiale ride. «Vai con Fredrich, ti farà fare un giro panoramico. Potrai consumare i tuoi pasti in cucina o in camera tua. Fallo sapere ai cuochi.»

Fredrich accompagna Lale in cucina e lo presenta a due cuochi. Lui dice loro che preferirebbe mangiare nella sua stanza. Fredrich spiega a Lale che non deve salire oltre il primo piano e che anche lì deve entrare solo nella sua stanza. Il messaggio gli arriva forte e chiaro.

Qualche ora dopo a Lale viene servito un piatto a base di agnello con una salsa densa e cremosa. Le carote sono cotte al dente e gocciolanti di burro. Il tutto è guarnito con sale, pepe e prezzemolo fresco. Si era chiesto spesso se avesse perduto la capacità di apprezzare i sapori intensi. Non è così. Quello che ha perduto, però, è la capacità di godersi il cibo che ha davanti. Come può, se Gita non è lì a condividerlo con lui? Se non sa neppure se ha qualcosa da mangiare? Se non sa neppure se... ma mette subito a tacere quel pensiero. Adesso è lì e deve fare quel che deve fare prima di trovarla. Mangia solo metà di ciò che ha nel piatto. Tenere sempre qualcosa da parte, è così che ha vissuto negli ultimi anni. Insieme col cibo Lale beve quasi un'intera bottiglia di vino. Gli costa un certo sforzo spogliarsi, buttarsi sul letto e sprofondare nel sonno degli ubriachi.

La mattina dopo viene svegliato dal rumore metallico del vassoio della colazione posato sul tavolo. Non ricorda se ha chiuso a chiave la stanza o no. Forse il cuoco ha una chiave. Il vassoio e la bottiglia vuoti della sera precedente vengono portati via. Tutto senza dire una parola.

Dopo la colazione si fa una breve doccia. Si sta infilando le scarpe quando entra Fredrich. «Pronto?»

Lale annuisce. «Andiamo.»

La prima tappa è lo studio con il caveau. Fredrich e un altro ufficiale osservano Lale che sceglie una somma di denaro, contato e annotato in un libro mastro, poi una combinazione di piccoli gioielli e qualche gemma isolata, anch'essi registrati.

«Prendo più di quanto probabilmente mi serve perché è la prima volta e non ho idea di quale sia il prezzo attuale, d'accordo?» dice a entrambi gli uomini.

Loro fanno spallucce.

«Assicurati solo, al tuo ritorno, di restituire tutto quello che non hai distribuito», dice l'ufficiale contabile.

Dopo essersi messo i soldi in una tasca e i gioielli in un'altra, Lale segue Fredrich in un grande garage accanto allo chalet. La guardia sceglie una jeep, Lale sale e insieme percorrono i pochi chilometri fino al villaggio che aveva attraversato il giorno prima. "È stato solo ieri? Com'è possibile che io mi senta già diverso?" Durante il tragitto Fredrich gli dice che la sera useranno un furgoncino per andare a prendere le ragazze. Non è comodo, ma è tutto quello che hanno per trasportare da otto a dieci passeggeri. Quando entrano nel villaggio, Lale gli chiede: «Allora, dove vado a cercare delle ragazze papabili?».

«Ti lascio all'inizio della strada. Entra in tutti i negozi. Commesse o clienti, non importa, basta che siano giovani e, preferibilmente, carine. Scopri il loro prezzo, mostra i mezzi di pagamento e, se vogliono un anticipo, dà loro solo contanti. Di' che passeremo a prenderle alle sei fuori dal panettiere. Alcune ci sono già state.»

«Come faccio a sapere se sono già impegnate?»

«Diranno di no, suppongo. Potrebbero anche tirarti addosso qualcosa, quindi preparati a scansarlo.» Quando Lale scende, Fredrich aggiunge: «Io aspetto e resto a guardare. Prenditi il tempo che ti serve e non fare sciocchezze».

Lale si dirige verso una bottega lì vicino, sperando che quel giorno mariti e fidanzati non siano andati a fare compere con le loro compagne. Quando entra tutti lo guardano. Dice «salve» in russo prima di rendersi conto di essere in Austria e passare al tedesco.

«Salve, signore, come state oggi?»

Le donne si scambiano uno sguardo. Qualcuna ridacchia prima che una commessa gli chieda: «Posso aiutarla? Cerca qualcosa per sua moglie?».

«Non esattamente. Voglio parlare con tutte voi.»

«Lei è russo?» chiede una cliente.
«No, sono slovacco. Tuttavia sono qui per conto dell'esercito russo.»
«Abita nello chalet?» domanda un'altra cliente.
«Sì.»
Con sollievo di Lale, una delle commesse interviene: «È qui per sapere se stasera vogliamo partecipare alla festa?».
«Sì, sì, proprio così. Lei c'è già stata?»
«Sì. Non abbia quell'aria spaventata. Sappiamo tutte che cosa vuole.»
Lale si guarda attorno. Ci sono due commesse e quattro clienti.
«Allora?» dice cautamente.
«Ci faccia vedere che cos'ha», interviene una cliente.
Lale svuota le tasche sul bancone mentre le ragazze vi si raccolgono attorno.
«Quanto può darci?»
Lale guarda la ragazza che era già stata allo chalet.
«Quanto è stata pagata l'ultima volta?»
Lei gli sventola sotto il naso un diamante e un anello con una perla. «Più dieci marchi.»
«Bene, che ne dice se le do cinque marchi adesso, altri cinque stasera, più un gioiello a sua scelta?»
La ragazza fruga tra i gioielli e sceglie un braccialetto di perle. «Voglio questo.»
Lale glielo prende delicatamente di mano. «Non ancora», le dice. «Ci vediamo davanti alla panetteria stasera alle sei. Affare fatto?»
«Affare fatto.»
Lale le dà cinque marchi, che lei s'infila nel reggiseno.
Le altre ragazze esaminano i gioielli e scelgono quello che preferiscono. Lale dà cinque marchi a ognuna di loro. Nessuna mercanteggia.
«Grazie, signore. Prima che io me ne vada, sapete dirmi dove potrei trovare altre bellezze che la pensano come voi?»
«Può provare al caffè più giù, oppure in biblioteca», suggerisce una.

«Faccia attenzione alle nonne al caffè», lo avvisa una donna con una risatina.

«Che cosa intende con "le nonne"?» chiede Lale.

«Sa, le vecchie... alcune di loro hanno più di trent'anni!»

Lale sorride.

«Guardi», riprende la prima volontaria, «può fermare qualunque donna che incontra per strada. Sappiamo tutte che cosa volete e molte di noi hanno bisogno di cose buone da mangiare e da bere, anche se dobbiamo condividerle con quei brutti porci russi. Qui non sono rimasti uomini ad aiutarci. Facciamo quel che dobbiamo fare.»

«Come me», dice Lale. «Grazie molte. Aspetto con ansia di vedervi stasera.»

Lale esce dal negozio e si appoggia a un muro, tirando un sospiro di sollievo. Un negozio, metà delle ragazze richieste. Guarda sull'altro lato della strada. Fredrich lo sta osservando. Gli fa segno che tutto procede bene. "E adesso dov'è questo caffè?" Mentre cammina, Lale ferma tre giovani, due delle quali accettano di andare alla festa. Nel caffè ne trova altre tre. Calcola che devono avere fra i trenta e i trentacinque anni, ma sono ancora delle belle donne con cui chiunque vorrebbe essere visto.

Quella sera Lale e Fredrich passano a prendere le donne che, come d'accordo, aspettano tutte davanti alla panetteria. Sono truccate e vestite con eleganza. La transazione concordata di gioielli e contanti avviene senza che Fredrich controlli nulla.

Lale le osserva mentre entrano nello chalet. Si tengono per mano, hanno un'espressione risoluta e, di tanto in tanto, ridono.

«Prenderò quello che avanza», dice Fredrich, piazzandosi di fianco a Lale.

Lale estrae parecchie banconote e qualche gioiello dalle tasche e li consegna a Fredrich, che sembra soddisfatto che le transazioni siano avvenute correttamente. Fredrich intasca il malloppo, poi comincia a perquisire Lale, infilandogli a fondo le mani nelle tasche.

«Ehi, attenzione! Non ci conosciamo così bene!» esclama Lale.
«Non sei il mio tipo.»

In cucina devono essere stati avvisati del suo ritorno, perché la cena arriva poco dopo che è entrato in camera sua. Mangia e poi esce sul balcone. Appoggiandosi alla balaustra, osserva l'andirivieni di veicoli. Ogni tanto il rumore della festa dabbasso si diffonde fino a lui, che è felice di sentire solo risate e conversazioni. Tornato nella sua stanza, comincia a spogliarsi per andare a letto. Frugando nel risvolto dei pantaloni trova il piccolo diamante che vi ha riposto. Prende un calzino spaiato dal cassetto e vi infila il diamante prima di ritirarsi per la notte.
Qualche ora dopo è svegliato dalle risate e dalle chiacchiere che entrano dalle portefinestre del balcone. Esce e vede le ragazze che risalgono sul furgone per rientrare a casa. Molte sembrano ubriache, ma nessuna pare angosciata. Lale se ne torna a letto.

Nelle settimane seguenti lui e Fredrich compiono due volte al giorno le loro spedizioni al villaggio, dove Lale diventa molto famoso. Persino le donne che non vanno mai allo chalet sanno chi è e lo salutano quando passa. La bottega e il caffè sono i due posti che preferisce, e ben presto le ragazze vi si ritrovano all'ora in cui sanno che arriverà lui. Spesso le frequentatrici abituali lo salutano con un bacio sulla guancia e la richiesta di unirsi a loro durante la festa quella sera. Sembrano sinceramente dispiaciute che lui non lo faccia mai.
Un giorno, al caffè, una cameriera di nome Serena dice ad alta voce: «Lale, mi sposi quando la guerra è finita?». Le altre ragazze ridacchiano, le donne più mature disapprovano.
«È cotta di te, Lale. Non vuole quei porci russi, nemmeno se sono pieni di soldi», aggiunge una delle clienti.
«Sei una ragazza bellissima, Serena, ma temo che il mio cuore appartenga a un'altra.»
«A chi? Come si chiama?» chiede Serena indignata.

«Si chiama Gita e sono fidanzato con lei. La amo.»
«Ti aspetta? Dov'è?»
«Non so dove sia adesso, ma la troverò.»
«Come fai a sapere che è viva?»
«Oh, è viva. Ti è mai capitato di sapere qualcosa e basta?»
«Non saprei.»
«Allora non sei mai stata innamorata. Ragazze, ci vediamo più tardi. Alle sei, non tardate.»
Un coro di «ciao» lo segue quando esce dal caffè.

Quella sera, mentre sta aggiungendo un grosso rubino al suo bottino di guerra, Lale si sente travolgere da una terribile nostalgia. Si siede sul letto per un lungo tratto di tempo. I ricordi di casa sono stati contaminati dai ricordi della guerra. Tutte le cose e le persone che gli erano care sono ormai visibili solo attraverso occhiali oscurati dalla sofferenza e dal lutto. Quando riesce a riprendere il controllo di sé, svuota il calzino sul letto e conta le gemme che è riuscito a trafugare nel corso delle settimane, poi esce sul balcone. Le sere si stanno facendo più calde e molti ospiti della festa sono sul prato, alcuni oziano, altri giocano a rincorrersi. Dei colpi alla porta della camera lo fanno sussultare. Sin dalla prima sera Lale chiude la porta a chiave, che sia presente o no. Mentre si precipita ad aprirla, vede le gemme sul letto e le nasconde alla svelta sotto le coperte. Non si accorge che l'ultimo rubino è caduto sul pavimento.
«Perché avevi chiuso la porta a chiave?» chiede Fredrich.
«Non voglio trovarmi a dividere il letto con uno dei tuoi colleghi, perché ho visto che molti di loro non hanno interesse per le ragazze che gli portiamo.»
«Capisco. Sei un bell'uomo. Sai che ti pagherebbero bene se avessi quell'inclinazione.»
«Invece non ce l'ho.»
«Ti piacerebbe una delle ragazze? Sono già state pagate.»
«No, grazie.»
Lo sguardo di Fredrich è catturato dal rubino che luccica sul tappeto. Si china e lo raccoglie.
«E questo che cos'è?»

Lale guarda la gemma, sorpreso.
«Puoi spiegarmi perché è qui, Lale?»
«Dev'essere rimasta impigliata nella fodera della tasca.»
«Davvero?»
«Pensi che se l'avessi presa l'avrei lasciata lì per farla trovare a te?»
Fredrich lo studia. «Suppongo di no.» Se la infila in tasca. «La restituisco al caveau.»
«Perché volevi vedermi?» chiede Lale cambiando argomento.
«Domani mi trasferiscono, quindi d'ora in poi farai il giro del mattino e il prelievo la sera da solo.»
«Intendi con qualcun altro?» chiede Lale.
«No. Hai dimostrato di essere affidabile. Il generale è rimasto favorevolmente colpito. Continua a fare quello che hai fatto e quando sarà l'ora di sbaraccare da qui magari avrai pure un piccolo bonus.»
«Peccato che tu te ne vada. Mi piacevano le nostre conversazioni nel furgone. Bada a te stesso, là fuori c'è ancora una guerra in corso.»
Si stringono la mano.
Quando Lale resta solo, chiuso a chiave al sicuro, raccoglie le gemme dal letto e le rimette nel calzino. Dall'armadio sceglie il vestito più elegante e lo mette da parte. Poi stende sul tavolo una camicia, parecchie paia di mutande e di calzini e vi fa scivolare sotto un paio di scarpe.

La mattina dopo Lale si fa la doccia e indossa i vestiti scelti, comprese quattro paia di mutande e tre paia di calzini. Infila il calzino contenente le gemme nella tasca interna della giacca. Dà un'ultima occhiata alla stanza e poi si dirige al caveau. Si serve della solita quantità di denaro e di gioielli e sta per uscire quando l'ufficiale contabile lo ferma.
«Aspetta. Prendine di più, oggi. Abbiamo due ufficiali di alto rango che arrivano nel pomeriggio da Mosca. Procuragli il meglio.»
Lale prende i soldi e i gioielli extra. «Può darsi che stamat-

tina torni un po' tardi. Vado alla biblioteca del villaggio a vedere se riesco a prendere in prestito un libro.»

«Abbiamo una biblioteca eccellente anche qui.»

«Grazie, ma ci sono sempre degli ufficiali e... be'... continuo a sentirmi intimidito, capisce?»

«Ah, d'accordo, come preferisci.»

Lale entra nel garage e saluta con un cenno il custode impegnato a lavare una macchina.

«Buona giornata, Lale. Le chiavi sono nella jeep. Ho saputo che oggi vai da solo.»

«Sì, Fredrich è stato trasferito. Spero almeno non al fronte.»

Il custode ride. «Una bella iella!»

«Ah, ho il permesso di rientrare più tardi del solito oggi.»

«Vuoi anche tu un po' d'azione, vero?»

«Qualcosa del genere. Ci vediamo dopo.»

«Certo, buona giornata.»

Lale sale sulla jeep con un balzo sportivo e si allontana dallo chalet senza guardarsi indietro. Nel villaggio si ferma in fondo alla strada principale, lascia le chiavi nel blocchetto di accensione e si allontana. Scorge una bicicletta fuori da un negozio che, con noncuranza, porta via a mano, dopodiché vi monta in sella e pedala fuori dalla città.

A qualche chilometro di distanza viene fermato da una pattuglia russa.

Un giovane ufficiale gli si avvicina. «Dove stai andando?» chiede.

«Sono stato prigioniero dei tedeschi per tre anni, sono slovacco e vado a casa.»

Il russo afferra il manubrio e obbliga Lale a scendere. Lui gli gira la schiena e si prende un calcione nel sedere.

«Camminare ti farà bene, e adesso levati dalle palle.»

Lale se ne va a piedi. "Non vale la pena discutere."

Arriva la sera ma lui non smette di camminare. Più avanti vede le luci di una cittadina e accelera il passo. Il luogo è gremito di soldati russi e, anche se loro lo ignorano, lui sente di dover tirare dritto. Ai margini della città s'imbatte in una stazione ferroviaria e vi si precipita, pensando di trovare una panchina su cui posare la testa almeno per qualche ora. Arrivato al binario vede un treno fermo, ma nessun segno di vita. Alla vista del convoglio è colto da cattivi presagi ma, reprimendo la paura, cammina su e giù e sbircia all'interno. Vagoni. Vagoni progettati per degli esseri umani. Una luce nell'ufficio della stazione attira la sua attenzione e così vi si dirige. All'interno, un capostazione si dondola su una sedia, con la testa che gli ciondola in avanti mentre cerca di non cedere al sonno. Lale indietreggia dalla finestra e finge un attacco di tosse prima di avvicinarsi con una confidenza che non sente davvero. Il capostazione, che ora è sveglio, va alla finestra e la apre quanto basta per rivolgergli la parola.

«Posso aiutarla?»

«Quel treno dov'è diretto?»

«A Bratislava.»

«Posso salire?»

«Può pagare?»

Lale estrae il calzino dalla giacca, tira fuori due diamanti e li porge al capostazione. Nel fare ciò, la manica sinistra si alza scoprendo il suo tatuaggio. Il capostazione prende le gemme. «Il vagone in fondo. Nessuno la disturberà lì. Però non parte fino alle sei di domattina.»

Lale dà un'occhiata all'orologio della stazione. "Ancora otto ore."

«Posso aspettare. Quanto dura il viaggio?»

«Circa un'ora e mezzo.»

«Grazie. Grazie molte.»

Mentre Lale si sta dirigendo verso l'ultimo vagone, si ferma perché il capostazione lo chiama. Raggiuntolo, gli dà del cibo e un thermos.

«È solo un panino preparato da mia moglie, ma il caffè è caldo e forte.»

Quando Lale prende il cibo e il caffè, gli si afflosciano le spalle e non riesce a trattenere le lacrime. Alza la testa e vede che anche il capostazione ha le lacrime agli occhi quando si gira per tornare nel suo ufficio.

«Grazie.» Quasi non riesce a pronunciare la parola.

Il giorno sta spuntando quando raggiungono il confine

con la Slovacchia. Un ufficiale si avvicina a Lale e gli chiede i documenti. Lale si arrotola la manica e mostra il suo unico identificativo: 32407.

«Sono slovacco», dice.

«Benvenuto a casa.»

28.

Bratislava. Lale scende dal treno che lo ha portato nella città dove ha vissuto ed è stato felice, dove si sarebbe dovuta svolgere la sua vita negli ultimi tre anni. Vaga per quartieri che conosceva molto bene e che ora sono quasi irriconoscibili a causa dei bombardamenti. Qui non c'è nulla per lui. È deciso a trovare il modo per tornare a Krompachy, a circa quattrocento chilometri di distanza: il viaggio verso casa sarà lungo. Gli ci vogliono quattro giorni di cammino, inframmezzato da rari passaggi su carretti trainati da cavalli, un tratto a dorso di un cavallo senza sella e uno su un carro trainato da un trattore. Quando deve, paga nell'unico modo in cui può farlo: un diamante qui, uno smeraldo là. Alla fine percorre la strada in cui è cresciuto e si ferma davanti alla casa di famiglia. Le assicelle della staccionata sono scomparse e rimangono solo i pali contorti. I fiori, un tempo gioia e orgoglio di sua madre, sono strangolati dalla gramigna e dall'erba incolta. Assi di legno grezzo sono inchiodate su una finestra rotta.

Una donna anziana esce dalla casa di fronte e va verso di lui con passo pesante.

«Che cosa credi di fare? Vattene via!» urla agitandogli contro un cucchiaio di legno.

«Mi scusi. Solo che... una volta vivevo qui.»

La vecchia lo guarda, riconoscendolo improvvisamente. «Lale, sei tu?»

«Sì. Oh, signora Molnár, è lei? Sembra, sembra...»

«Vecchia, lo so. Oh, mio Dio, Lale, sei davvero tu?»

I due si abbracciano e, con voce soffocata, si chiedono come stanno senza dar tempo all'altro di rispondere. Alla fine la vicina si stacca da lui.

«Che cosa fai qui fuori? Va', entra in casa.»

«Ci abita qualcuno?»

«Tua sorella, naturalmente. Oh cielo, non sa che sei vivo?»

«Mia sorella! Goldie è viva?»

Lale attraversa la strada di corsa e bussa rumorosamente alla porta. Poiché nessuno risponde subito, bussa di nuovo e, da dentro, sente: «Vengo, vengo!».

Goldie apre la porta e, alla vista del fratello, sviene. La signora Molnár lo segue all'interno mentre lui solleva la sorella e la distende su un divano. La vicina porta un bicchiere d'acqua. Cullando amorevolmente la testa di Goldie tra le braccia, Lale aspetta che riapra gli occhi. Quando lei rinviene, lui le offre l'acqua. Lei singhiozza e ne rovescia la maggior parte. La signora Molnár esce in silenzio mentre Lale continua a cullare la sorella, piangendo a sua volta. Passa un po' di tempo prima che riesca a parlare e formulare le domande di cui vuole disperatamente le risposte.

Le notizie sono cupe. I loro genitori sono stati portati via solo pochi giorni dopo la partenza di Lale. Goldie non ha idea di dove siano andati o se siano ancora vivi da qualche parte. Max è partito per unirsi ai partigiani ed è stato ucciso combattendo i tedeschi. La moglie di Max e i loro due bambini piccoli sono stati portati via, e neanche in questo caso si sa dove. L'unica notizia positiva che sua sorella può dargli riguarda sé stessa. Si è innamorata di un russo e si sono sposati. Adesso si chiama Sokolov. Suo marito è in viaggio per affari e sarà di ritorno nel giro di qualche giorno.

Lale la segue in cucina perché non vuole perderla di vista mentre prepara da mangiare per entrambi. Dopo aver cenato, parlano fino a notte fonda. Per quanto Goldie insista con Lale per sapere dov'è stato negli ultimi tre anni, lui si limita a dire che è stato in un campo di lavoro in Polonia. E che adesso è a casa.

Il giorno dopo apre il suo cuore alla sorella e alla vicina, raccontando loro del suo amore per Gita e di come crede che sia ancora viva.

«Devi trovarla», dice Goldie. «Devi cercarla!»

«Non so dove cominciare.»

«Be', da dove veniva?» chiede la signora Molnár.

«Non lo so, non me lo voleva dire.»

«Aiutami a capire. La conosci da tre anni e in tutto quel tempo non ti ha raccontato le sue origini?»

«Non voleva. Stava per dirmelo il giorno in cui ha lasciato Birkenau, ma tutto è successo così in fretta... So solo il suo cognome, è Furman.»

«Be', è già qualcosa, ma non molto», lo rimprovera la sorella.

«Ho sentito che la gente comincia a tornare a casa dai campi. Arrivano tutti a Bratislava, forse è là», dice la signora Molnár.

«Se devo tornare a Bratislava, mi serve un mezzo di trasporto.»

Goldie sorride: «E allora che cosa fai ancora seduto qui?».

In città Lale chiede a tutti quelli che vede con un cavallo, una bicicletta, un'automobile o un furgone se può comprarglieli. Tutti rispondono di no.

Quando comincia a disperare, un vecchio su un carretto trainato da un unico cavallo viene verso di lui. Lale si para davanti all'animale e costringe l'uomo a tirare le redini per fermarlo.

«Vorrei comprare il suo cavallo e il suo carretto», dice senza perdersi in convenevoli.

«Per quanto?»

Lale tira fuori di tasca parecchie gemme.

«Sono vere e valgono un sacco di soldi.»

Dopo avere ispezionato il tesoro, il vecchio risponde: «A una condizione».

«Quale? Qualsiasi cosa.»

«Prima deve portarmi a casa.»

Poco dopo Lale accosta fuori dalla casa della sorella e mostra con orgoglio il suo nuovo mezzo di trasporto.

«Non ho niente da dargli da mangiare», esclama lei.

Lui le indica l'erba alta. «Il tuo giardino, qui davanti, ha bisogno di essere tosato.»

Quella sera, con il cavallo legato in giardino, la signora Molnár e Goldie si accingono a preparare i pasti per il viaggio di Lale, che non sopporta l'idea di doverle salutare così presto. Ma loro non vogliono saperne che lui resti.

«Non tornare senza Gita!» sono le ultime parole che sente pronunciare a Goldie mentre lui sale sul retro del carro ed è quasi scaraventato a terra dal cavallo che parte di scatto. Lale si gira e guarda le due donne che se ne stanno fuori dalla sua casa di famiglia, strette l'una all'altra, e sorridono agitando il braccio.

Per tre giorni e tre notti Lale e il suo nuovo compagno viaggiano su strade dissestate e attraverso città bombardate. Guadano ruscelli accanto a ponti distrutti. Danno passaggi a svariate persone per via. Lale consuma le sue razioni in modo frugale. Sente un dolore profondo per i caduti della sua famiglia ma, allo stesso tempo, desidera ardentemente Gita e questo gli dà la fermezza necessaria per proseguire. Deve trovarla. Lo ha promesso.

Quando alla fine arriva a Bratislava si fionda subito alla stazione ferroviaria. «È vero che stanno tornando i sopravvissuti dei campi di concentramento?» chiede. Gli rispondono di sì e gli danno l'orario dei treni. Senza sapere dove potrebbe essere finita Gita – e senza neppure avere idea da quale paese verrà –, decide che l'unica cosa da fare è aspettare ogni treno. Riflette se cercare un posto dove stare, ma un uomo strano con un cavallo non è un inquilino attraente, così dorme nel suo carretto in qualunque terreno libero trovi, per il tempo che serve al cavallo per mangiare l'erba e proseguire. Pensa spesso ai suoi amici nel campo nomadi e alle storie che gli raccontavano sul loro modo di vivere. La fine dell'estate si avvicina, le piogge sono frequenti ma non lo scoraggiano.

Per due settimane Lale bazzica la stazione ferroviaria ogni volta che c'è un treno in arrivo. Cammina su e giù lungo il binario avvicinando ogni donna che scende. «È stata a Birkenau?» Nelle poche occasioni in cui gli rispondono di sì chiede: «Conosce Gita Furman? Era nel Blocco 29». Nessuno la conosce.

Un giorno il capostazione gli domanda se ha registrato Gita alla Croce Rossa, che raccoglie i nomi dei dispersi e di coloro che sono tornati e cercano i loro cari. Non avendo nulla da perdere, Lale si reca in centro all'indirizzo che gli ha dato il capostazione.

Gita sta camminando lungo la strada principale con due amiche quando vede un buffo carretto trainato da un cavallo. Un giovane sta in piedi dietro.

Lei si butta in mezzo alla strada.

Il tempo si arresta quando il cavallo, di sua spontanea volontà, si ferma davanti alla giovane donna.

Lale scende dal carretto. Gita fa un passo verso di lui, che è immobile. Fa un altro passo.

«Ciao», dice lei.

Lale cade in ginocchio. Gita si gira verso le sue due amiche, che stanno guardando sbalordite.

«È lui?» chiede una di loro.

«Sì, è lui», risponde Gita.

Evidentemente Lale non ha intenzione di muoversi – o non è in grado di farlo – così è Gita ad avvicinarsi. Inginocchiandosi davanti a lui gli dice: «Nel caso in cui tu non mi abbia sentito quando siamo partiti da Birkenau, io ti amo».

«Vuoi sposarmi?» le chiede Lale.

«Sì, lo voglio.»

«Vuoi rendermi l'uomo più felice del mondo?»

«Sì.»

Lale solleva Gita tra le sue braccia e la bacia. Una delle amiche della ragazza prende le redini del cavallo. Poi Lale e Gita si allontanano, le braccia di lei attorno ai fianchi di lui e la testa posata sulla sua spalla, e si confondono con la folla in strada, una giovane coppia fra tante in una città devastata dalla guerra.

Lale cambiò il suo nome in Sokolov, il cognome russo della sorella sposata, un nome più facilmente accettato rispetto a Eisenberg nella Slovacchia controllata dai sovietici. Lui e Gita si sposarono nell'ottobre del 1945 e misero su casa a Bratislava. Lale cominciò a importare tessuti pregiati – lino, seta, cotone – da tutta Europa e dall'Asia. Li vendeva ai manifatturieri che avevano un disperato bisogno di ricostruire e rivestire il paese. Con l'occupazione della Cecoslovacchia da parte dell'Unione Sovietica, Lale era convinto che la sua fosse l'unica azienda non immediatamente nazionalizzata dai governanti comunisti. Dopo tutto lui forniva i materiali di cui la gerarchia governativa aveva necessità per il proprio uso personale.

Gli affari andavano bene, Lale si trovò un socio e i profitti aumentarono. Ricominciò a indossare vestiti eleganti. Lui e Gita cenavano nei ristoranti migliori e andavano in vacanza nei centri termali di tutta l'Unione Sovietica. Erano convinti sostenitori di un movimento per un Israele «libero». Gita, soprattutto, lavorava in silenzio dietro le quinte: raccoglieva soldi tra le persone più benestanti del luogo e li faceva uscire di nascosto dal paese. Quando il matrimonio del socio d'affari di Lale finì, la sua ex moglie denunciò alle autorità le attività di Lale e Gita. Il 20 aprile 1948 Lale fu arrestato e accusato di «esportare gioielli e altri oggetti di valore dalla Cecoslovacchia». Il mandato di arresto continuava: «Come conseguenza, la Cecoslovacchia avrebbe sofferto indicibili perdite economiche e attraverso la sua azione illegale e predatoria Sokolov avrebbe realizzato cospicui guadagni in denaro o altri averi». Se anche Lale aveva esportato gioielli e denaro, non c'era però alcun tornaconto finanziario per lui. Il denaro lo distribuiva.

Due giorni dopo la sua azienda veniva nazionalizzata e lui fu condannato a due anni da scontare nella prigione di Ilava, famosa per essere un luogo di detenzione per prigionieri politici e prigionieri tedeschi dopo la guerra. Lale e Gita erano stati abbastanza furbi da nascondere parte della loro ricchezza. Con i suoi contatti nel governo e nella magistratura locale, Gita riuscì a corrompere dei funzionari e a farsi aiutare. Un giorno Lale ricevette in carcere la visita di un prete cattolico. Dopo un po' il sacerdote chiese ai secondini di uscire dalla stanza perché doveva ascoltare la confessione del detenuto, destinata solo alle sue orecchie. Quando furono soli, disse a Lale di cominciare a comportarsi come se fosse impazzito. Se avesse fatto un buon lavoro, avrebbero dovuto farlo visitare da uno psichiatra. Non molto tempo dopo, Lale si trovò davanti a uno psichiatra che gli disse che gli avrebbe fatto avere il permesso di tornare a casa qualche giorno prima di «uscire di senno completamente».

Passata una settimana, fu condotto nell'appartamento dove vivevano lui e Gita. Gli dissero che sarebbero venuti a prenderlo due giorni dopo in modo che terminasse di scontare la sua pena. Quella sera, con l'aiuto di amici, la coppia uscì di soppiatto dal retro del caseggiato con una valigia a testa contenente i loro effetti personali e un quadro che Gita si rifiutò di abbandonare: raffigurava una zingara. Presero con sé anche una consistente quantità di denaro da dare a un contatto di Vienna, a favore di Israele. Poi si nascosero dietro una falsa paratia di un camion che portava derrate alimentari da Bratislava all'Austria.

A una certa ora di un certo giorno si recarono in una stazione ferroviaria di Vienna, in cerca di quel contatto che non avevano mai incontrato prima. Lale ne parlava come di una scena da un romanzo di Le Carré. Mormorarono una parola d'ordine a parecchi signori soli finché uno non rispose con la frase corretta. Lale gli porse una piccola busta contenente del denaro e quello scomparve.

Da Vienna Lale e Gita si spostarono a Parigi, dove affittarono un appartamento e per molti mesi si godettero i caffè e i bar di una capitale che tornava a essere quella dell'anteguerra. Vedere Joséphine Baker, la brillante cantante e ballerina nera americana, esibirsi in un cabaret fu un ricordo che Lale avrebbe sempre portato con sé. Descrivendola disse che aveva due gambe «che arrivavano fino a qui», e indicò il suo girovita.

Siccome non c'era lavoro per chi non era cittadino francese, Lale e Gita decisero di lasciare anche la Francia. Volevano trasferirsi in un luogo il più lontano possibile dall'Europa. Così si procurarono dei passaporti falsi e salparono per Sydney, dove approdarono il 29 luglio 1949.

Sulla nave fecero amicizia con una coppia che raccontò loro della famiglia di Melbourne con cui sarebbero andati a vivere. Questo bastò a convincere Lale e Gita a stabilirsi a Melbourne a loro volta. Lale riprese a lavorare nel settore tessile. Comprò un piccolo magazzino e cominciò a reperire in loco e all'estero tessuti da rivendere. Stavolta Gita decise di partecipare all'attività e s'iscrisse a un corso di stilista, dopodiché cominciò a disegnare abiti femminili, aggiungendo così un'altra dimensione alla loro attività commerciale.

Il loro desiderio più grande era di avere un figlio, ma, non riuscendoci, abbandonarono la speranza, fino a che, con loro enorme sorpresa e gioia, Gita rimase incinta. Il figlio Gary nacque nel 1961. La loro era una vita piena, con un figlio, degli amici, un'attività di successo e vacanze sulla Costa d'Oro, tutto rafforzato da un amore che nessuna difficoltà era stata in grado di spezzare.

Il dipinto della zingara che Gita aveva portato con sé dalla Slovacchia è ancora appeso nel salotto di Gary.

Sono nel salotto della casa di un uomo anziano. Non lo conosco ancora bene, ma ho conosciuto in poco tempo i suoi cani, Tootsie e Bam Bam – uno delle dimensioni di un pony e l'altro più piccolo del mio gatto. Fortunatamente li ho conquistati, e ora stanno dormendo.

So che questo è il momento giusto. Infilo la mano nella mia cartella e prendo una penna. Alzo la testa, giusto uno sguardo. Colgo l'occasione. «Lo sa che non sono ebrea?»

È passata un'ora da quando ci siamo incontrati. Il signore anziano seduto sulla poltrona davanti a me sbuffa impaziente, ma non ostile. Distoglie lo sguardo, intreccia le dita. Ha le gambe accavallate e con il piede batte in silenzio il tempo. I suoi occhi guardano verso la finestra e lo spazio aperto.

«Sì», dice infine, girandosi verso di me con un sorriso. «È per questo che voglio lei.»

Mi rilasso un po'. Forse sono nel posto giusto, dopo tutto.

«Allora», continua, come se stesse per raccontare una barzelletta, «mi dica che cosa sa degli ebrei.»

Mi vengono in mente i candelabri a sette bracci mentre mi sforzo di trovare qualcosa da dire.

«Conosce degli ebrei?»

Me ne sovviene una. «Lavoro con una ragazza che si chiama Bella. È ebrea, credo.»

Mi aspetto un moto di disprezzo e invece ottengo una reazione di entusiasmo: «Bene!».

Ho superato un altro test.

Dopodiché arriva la prima direttiva. «Non deve avere preconcetti su quello che le dirò.» Fa una pausa, come per cercare le parole. «Non voglio che alla mia storia si aggiunga nessun fardello personale.»

A disagio, mi sposto sulla poltrona. «Forse ce n'è qualcuno.»

Lui si china in avanti, malfermo, e afferra il tavolo con una mano. Il tavolo traballa e la gamba più corta sbatte contro il pavimento, producendo un'eco. I cani si svegliano con un sussulto.

Deglutisco. «Il nome da nubile di mia madre era Schwartfeger. La sua famiglia era tedesca.»

Lui si rilassa. «Veniamo tutti da qualche parte», dice.

«Sì, ma io sono una *kiwi.* La famiglia di mia madre vive in Nuova Zelanda da più di cent'anni.»

«Immigrati.»

«Sì.»

Torna a sedersi appoggiandosi allo schienale. «A che velocità sa scrivere?» chiede.

Mi coglie alla sprovvista. Che cosa vuole sapere di preciso? «Be', dipende da quello che scrivo.»

«Mi serve che lei lavori in fretta, non ho molto tempo.»

Panico. Avevo scelto di non portare con me strumenti di registrazione o di scrittura a quest'incontro: ero stata invitata a sentirlo e a riflettere se scrivere la sua storia. Volevo solo ascoltare.

«Quanto tempo ha?»

«Ancora poco.»

Ora sono confusa. «Deve andare da qualche parte a breve?»

«Sì», risponde, tornando con lo sguardo alla finestra aperta. «Devo andare da Gita.»

Non ho mai incontrato Gita. Erano stati la sua morte e il bisogno di Lale di raggiungerla a indurlo a raccontare la propria storia. Voleva che venisse documentata, così – secondo le sue parole – da «non ripetersi più».

Dopo il nostro primo incontro, visitai Lale da due a tre volte a settimana. Ci vollero tre anni per districare la vicenda. Dovevo conquistarmi la sua fiducia e serviva del tempo perché fosse disposto a imbarcarsi nella profonda autoanalisi richiesta da alcune parti della sua storia. Eravamo diventati amici – no, più che amici, perché le nostre vite s'intrecciavano a mano a mano che si affrancava dal fardello della colpa che portava da oltre mezzo secolo: il timore che qualcuno accusasse lui e Gita di avere collaborato con i nazisti. Mentre sedevo con lui attorno al tavolo della cucina, sentivo trasferirsi su di me parte del fardello di Lale, quell'uomo adorabile con le mani tremanti, la voce fremente, gli occhi che dopo sessant'anni s'inumidivano ancora per avere vissuto gli avvenimenti più terrificanti della storia umana.

Raccontava la sua vita in modo frammentario, a volte con lentezza, a volte a raffica e senza un legame chiaro tra i numerosissimi episodi. Però non importava. Era ammaliante stare con lui e i suoi due cani e ascoltare quelli che, a un orecchio indifferente, sarebbero potuti sembrare i discorsi sconclusionati di un vecchio. Era l'incantevole accento dell'Europa orientale? Il fascino di quell'anziano mascalzone? Era la serie intricata di fatti che cominciava ad acquistare un senso? Erano tutte queste cose e altre ancora.

In quanto narratrice, divenne importante per me identificare il modo in cui memoria e storia a volte danzano allo stesso ritmo e altre volte si sforzano di separarsi, per presentare non una lezione di storia, ma di umanità. I ricordi di Lale erano, nel complesso, incredibilmente nitidi e precisi. Corrispondevano alle mie ricerche sulle persone, le date e i luoghi. Era una consolazione? Conoscere un uomo per il quale eventi così orribili erano stati una realtà vissuta li rendeva ancora più terrificanti. Per quel bel signore anziano non c'era una separazione netta fra memoria e storia: ballavano perfettamente allo stesso ritmo.

Il tatuatore di Auschwitz è la vicenda di due persone normali vissute in un'epoca straordinaria, private non soltanto della loro libertà, ma anche della dignità, del nome, dell'identità e di ciò che dovevano fare per sopravvivere. Lale ha vissuto la sua vita seguendo il motto: «Se ti svegli la mattina, è una bella giornata». La mattina del suo funerale mi sono svegliata sapendo che per me non era una bella giornata, ma che per lui lo sarebbe stata. Adesso era con lei.

Lale nacque Ludwig Eisenberg il 28 ottobre 1916 a Krompachy, in Slovacchia. Fu deportato ad Auschwitz il 23 aprile 1942 e tatuato con il numero 32407.

Gita nacque Gisela Fuhrmannova (Furman) l'11 marzo 1925 a Vranov nad Topl'ou, in Slovacchia. Fu deportata ad Auschwitz il 13 aprile 1942 e tatuata con il numero 4562, e in seguito ritatuata da Lale in luglio, quando fu trasferita da Auschwitz a Birkenau.

I genitori di Lale, Jozef e Serena Eisenberg, furono deportati ad Auschwitz il 26 marzo 1942 (mentre Lale era a Praga). Le ricerche hanno rivelato che furono uccisi subito dopo il loro arrivo al campo. Lale non lo seppe mai, fu scoperto dopo la sua morte.

Tra il 16 giugno e il 10 luglio 1944 Lale fu tra i prigionieri dell'unità punitiva (Strafkompanie), dove venne torturato da Jakub.

La vicina di Gita, la signora Goldstein, sopravvisse e ritornò a casa a Vranov nad Topl'ou.

Cilka fu accusata di avere cospirato con i nazisti e fu condannata ai lavori forzati in Siberia. In seguito tornò a Bratislava. Lei e Gita s'incontrarono solo una volta, a metà degli anni Settanta, quando Gita andò a trovare i suoi due fratelli.

Nel 1961 Stefan Baretski venne processato a Francoforte e condannato all'ergastolo per crimini di guerra. Il 21 giugno 1988 si suicidò nell'ospedale Konitzky-Stift di Bad Nauheim, in Germania.

Gita morì il 3 ottobre 2003. Lale morì il 31 ottobre 2006.

Quando mi è stato chiesto di scrivere una postfazione per questo libro, ho avuto un momento di scoraggiamento. La mia mente è stata inondata da un flusso di ricordi così incessante, a tanti livelli, da non sapere come cominciare.

Potrei parlare del cibo, che rivestiva un ruolo fondamentale per entrambi i miei genitori, ma in special modo per mia madre, fiera del suo frigorifero pieno di *Schnitzel* di pollo, affettati, torte e frutta. Ricordo la sua afflizione quando, in quarta superiore, iniziai una dieta spartana. Come da tradizione, il venerdì sera mi servì i tre *Schnitzel*, e non dimenticherò mai l'espressione del suo volto quando ne rimisi due sul vassoio. «Cosa c'è che non va? Non cucino più bene?» mi chiese. Per lei era molto difficile capire che non potevo più mangiare le stesse quantità di prima. In compenso, quando un mio amico venne a trovarmi e, dopo avermi salutato, puntò dritto al frigorifero, lei ne fu molto felice. A casa nostra tutti erano sempre invitati e ben accetti.

Sia la mamma sia il papà mi hanno sempre sostenuto in tutti gli hobby e le attività che ho deciso di sperimentare, e hanno voluto farmi provare di tutto: lo sci, i viaggi, l'equitazione, il parapendio. Avevano la sensazione di essere stati derubati della loro giovinezza e non volevano che io mi perdessi qualcosa.

Crescendo, ho avuto una vita familiare piena d'amore. La dedizione reciproca dei miei genitori era totale e intransigente. Quando, nella loro cerchia di amici, molti cominciarono a divorziare, io andai da mia madre e le chiesi come avessero fatto lei e mio padre a restare insieme tanti anni. La sua risposta fu semplicissima: «Nessuno è perfetto. Tuo padre si è sempre preso cura di me sin dal primo giorno in cui ci siamo incontrati a Birkenau. So che non è perfetto, ma so anche che mi metterà sempre al primo posto». La nostra casa era colma d'amore e d'affetto, soprattutto nei miei confronti, e vedere che dopo cinquant'anni di matrimonio ancora si coccolavano, si tenevano per mano e si baciavano, credo mi abbia aiutato a essere un padre e un marito molto affettuoso e premuroso.

Entrambi i miei genitori furono risoluti nel farmi conoscere quello che avevano passato. Quando in televisione trasmisero i documentari della BBC *The World at War* io avevo tredici anni, e loro me li lasciarono guardare da solo ogni settimana. Trovavano intollerabile guardarli con me. Ricordo che quando mostrarono le riprese in diretta dai campi di sterminio io scrutai lo schermo cercando di individuare i miei genitori. Quelle riprese le ho in mente ancora adesso.

Mio padre si sentiva a suo agio nel parlare delle sue avventure nel campo, ma solo durante le festività ebraiche, quando lui e gli altri uomini si sedevano attorno a un tavolo e chiacchieravano delle loro esperienze, tutte assai avvincenti. Invece la mamma non scendeva mai nei dettagli, tranne in un'occasione in cui mi disse che, quando si era ammalata, le era apparsa sua madre che le aveva detto: «Starai meglio. Ti trasferirai in un paese lontano e avrai un figlio».

Cercherò di darvi un'idea di come furono entrambi influenzati da quelle vicende. Avevo sedici anni quando mio padre fu costretto a chiudere la sua attività commerciale. Tornai da scuola proprio nel momento in cui stavano rimorchiando la nostra automobile e affiggendo il cartello che metteva all'asta la nostra casa. All'interno, mia mamma stava riponendo tutti i nostri effetti personali negli scatoloni e intanto cantava. "Ma..." pensai tra me e me, "hanno appena perso tutto e la mamma canta?" Mi fece sedere per spiegarmi quello che stava succedendo e io le chiesi: «Come fai a fare i bagagli e cantare?». Con un gran sorriso stampato sul volto mi disse che se passi degli anni senza sapere se di lì a cinque minuti sarai ancora vivo, poi non resta più molto che non sapresti affrontare. E aggiunse: «Finché siamo vivi e abbiamo la salute, tutto andrà per il meglio».

Certe cose continuavano a farle. Magari camminavamo per strada e la mamma si chinava e raccoglieva da terra un quadrifoglio o un pentafoglio perché, quando era nel campo e ne trovava uno, lo dava ai soldati tedeschi, che credevano portasse fortuna, e così riceveva una razione supplementare di zuppa e pane. A mio padre, invece, rimasero addosso la mancanza di emotività e un marcato istinto di sopravvivenza, al punto che persino quando morì sua sorella lui non versò una lacrima. Lo interrogai al riguardo, e lui rispose che, dopo aver visto per tanti anni la morte su così grande scala e aver perso i genitori e il fratello, si era accorto di non sapere più piangere – almeno fino a quando non mancò la mamma. Fu la prima volta che lo vidi piangere.

Ma soprattutto ricordo il calore della nostra casa, un luogo sempre pieno d'amore, di sorrisi, di affetto, di cibo e dell'arguzia pungente e asciutta di mio padre. È stato davvero un ambiente meraviglioso in cui crescere e sarò sempre grato ai miei genitori per avermi mostrato questo modo di vivere.

Gary Sokolov

Per dodici anni la storia di Lale è esistita come sceneggiatura di un film. Inizialmente la mia idea era legata a uno schermo, grande o piccolo, non faceva differenza. Adesso esiste sotto forma di romanzo e voglio esprimere gratitudine e riconoscenza verso tutti coloro che sono saliti e scesi durante il viaggio e quelli che hanno percorso con me l'intero tragitto.

Gary Sokolov, hai la mia gratitudine e il mio affetto eterni per avermi permesso di entrare nella vita di tuo padre e avermi sostenuto al cento per cento nel raccontare la storia incredibile dei tuoi genitori. Non hai mai esitato nella certezza che sarei giunta a questo punto.

Ringrazio Glenda Bawden, il mio capo da ventun anni, che ha chiuso un occhio quando «sgattaiolavo via» per incontrare Lale e altri che mi aiutavano a sviluppare il manoscritto. E i miei colleghi, passati e attuali, al dipartimento dei Servizi Sociali del Monash Medical Centre.

David Redman, Shana Levine, Dean Murphy, Ralph Moser di Instinct Entertainment, da cui per lo più sgattaiolavo: grazie per la vostra passione e la vostra dedizione a questo progetto nel corso di tanti anni.

Sono riconoscente a Lisa Savage e Fabian Delussu per le loro eccezionali doti investigative nella ricerca dei «fatti», per assicurarsi che la storia e la memoria danzassero perfettamente in sincrono.

Grazie a Film Victoria per il loro sostegno finanziario durante le ricerche per la sceneggiatura originaria del film sulla storia di Lale.

Lotte Weiss, sopravvissuta, grazie per il tuo sostegno e per avere condiviso con me i tuoi ricordi di Lale e Gita.

Grazie a Shaun Miller, il mio avvocato: sai come si fanno gli accordi.

Grazie mille ai miei finanziatori su Kickstarter per essere stati i primi ad appoggiare questa storia sotto forma di romanzo. Il vostro sostegno è stato enormemente apprezzato. Siete: Bella Zefira, Thomas Rice, Liz Attrill, Bruce Williamson, Evan Hammond, David Codron, Natalie Wester, Angela Meyer, Suzie Squire, George Vlamakis, Ahren Morris, Ilana Hornung, Michelle Tweedale, Lydia Regan, Daniel Vanderlinde, Azure-Dea Hammond, Stephanie Chen, Snowgum Films, Kathie Fong Yoneda, Rene Barten, Jared Morris, Gloria Winstone, Simon Altman, Greg Deacon, Steve Morris, Suzie Eisfelder, Tristan Nieto, Yvonne Durbridge, Aaron K., Lizzie Huxley-Jones, Kerry Hughes, Marcy Downes, Jen Sumner, Chany Klein, Chris Key.

Questo libro e tutto ciò che ne discende non esisterebbe senza la fantastica, meravigliosa, talentuosa Angela Meyer, editor per Echo a Bonnier Publishing Australia. Ti sono debitrice e sento che anche tu, come Lale, sei entrata dentro di me per sempre. Hai abbracciato questa storia con una passione e un desiderio pari ai miei. Hai pianto e riso insieme con me a mano a mano che la vicenda si dipanava. In te ho visto qualcuno che si è messo nei panni di Lale e di Gita. Hai provato il loro dolore, il loro amore, e mi hai stimolato a scrivere al meglio delle mie capacità. Ringraziarti non mi sembra abbastanza, ma ti ringrazio comunque.

Da Echo, Angela non è stata la sola a trasformare questo libro in realtà. Grazie a Kay Scarlett, Sandy Cull per la meravigliosa grafica della copertina, Shaun Jury per le sue caratteristiche intrinseche. A Ned Pennant-Rae e Talya Baker, redattori straordinari, e ad Ana Vucic per la correzione delle bozze. Per l'ulteriore assistenza redazionale, a Cath Ferla e Kate Goldsworthy. A Clive Hebard per avere gestito le fasi finali del processo di pubblicazione.

Da Bonnier Zaffre, a Londra, c'è un team guidato da Kate Parkin che ha promosso questo libro e si è impegnato a farlo arrivare in quanti più angoli del mondo possibile: sono loro debitrice in eterno. Grazie, Kate. Grazie a Mark Smith e Ruth Logan. E a Richard Johnson e Julian Shaw di Bonnier Publishing per avere visto immediatamente il valore di questa storia.

A mio fratello Ian Williamson e a mia cognata Peggi Shea, che per un mese mi hanno prestato la loro casa a Big Bear, in California, nel bel mezzo dell'inverno, per scrivere la prima stesura. Grazie a voi e alla vostra splendida ospitalità. Per parafrasare Sir Edmund Hillary: «Ho steso il bastardo».

Un ringraziamento speciale a mio genero Evan e a mia cognata Peggi per la parte piccola ma non insignificante che ognuno di voi ha avuto nel farmi decidere di trasformare la mia sceneggiatura in un romanzo. Sapete che cosa avete fatto!

Grazie ai miei fratelli John, Bruce e Stuart, che mi hanno appoggiata senza riserve, ricordandomi che mamma e papà ne sarebbero stati molto orgogliosi.

Alle mie care amiche Kathie Fong Yoneda e Pamela Wallace, di cui apprezzo al di là di ogni dire l'amore e il sostegno che mi hanno dato, nel corso degli anni, affinché questa storia venisse raccontata.

Al mio amico Harry Blutstein, di cui spero di avere accolto, nel tempo, l'interesse e i suggerimenti di scrittura, rendendolo orgoglioso.

Grazie al Museo dell'Olocausto di Melbourne dove Lale mi ha portato in numerose occasioni, facendomi da guida «vivente». Mi avete illuminato sul mondo a cui Lale e Gita sono sopravvissuti.

Ringrazio i miei figli Ahren e Jared, che hanno aperto i loro cuori e le loro menti a Lale, facendolo entrare nella nostra vita familiare con affetto e rispetto.

E mia figlia Azure-Dea. Lale ti ha conosciuta quando avevi diciotto anni, praticamente la stessa età di Gita quando si conobbero. Mi ha detto di essersi un po' innamorato di te quel primo giorno. Nei tre anni successivi, ogni volta che lo vedevo, la sua prima frase era: «Come stai e come sta la tua bellissima figlia?». Grazie per avergli permesso di flirtare un po' con te e di averlo fatto sorridere.

Ai compagni dei miei figli: grazie Bronwyn, Rebecca e Evan.

Steve, mio adorato marito da quarant'anni e rotti. Ricordo quando mi chiedesti se dovevi essere geloso di Lale, visto che passavo tanto tempo con lui. Sì e no. Tu eri qui per me quando tornavo a casa imbronciata e depressa per essermi sobbarcata gli orrori che Lale condivideva con me. Gli hai aperto le porte di casa nostra e l'hai fatto entrare nella nostra famiglia con onore e con rispetto. So che continuerai questo viaggio al mio fianco.

In esclusiva per i lettori Garzanti
il primo capitolo del nuovo,
attesissimo romanzo di Heather Morris
Una ragazza ad Auschwitz

1.

Campo di concentramento di Auschwitz, 27 gennaio 1945

Cilka fissa il soldato dell'esercito che è appena entrato nel campo, fermo in piedi davanti a lei. Dice qualcosa in russo, poi in tedesco. Il soldato svetta sulla ragazza diciottenne. «*Du bist frei.*» Sei libera. Lei non sa se ha udito davvero le sue parole. Gli unici russi che ha visto prima di allora erano emaciati e morivano di fame: prigionieri di guerra.

È davvero possibile che esista la libertà? Possibile che questo incubo sia terminato?

Quando lei non risponde, lui si china verso di lei e le posa le mani sulle spalle. Lei trasalisce.

Lui ritrae rapidamente le mani. «Scusa, non volevo spaventarti», continua in un tedesco zoppicante. Scrollando la testa, sembra concludere che lei non lo capisce. Fa un gesto ampio e lentamente ripete le parole. «Sei libera. Sei al sicuro. Siamo l'esercito sovietico e siamo qui per aiutarti.»

«Capisco», sussurra Cilka stringendosi addosso il cappotto che nasconde il corpo minuto.

«Capisci il russo?»

Cilka annuisce. È cresciuta parlando un dialetto slavo orientale, il ruteno.

«Come ti chiami?» chiede lui gentilmente.

Cilka alza lo sguardo verso gli occhi del soldato e con voce limpida risponde: «Mi chiamo Cecilia Klein, ma gli amici mi chiamano Cilka».

«È un bel nome», dice lui. È strano guardare un uomo così in salute che non sia uno dei suoi aguzzini. Ha gli occhi chiari, le guance piene, e i capelli biondi gli spuntano da sotto il berretto. «Da dove vieni, Cilka Klein?»

I ricordi della sua vecchia vita si sono sbiaditi, sono diventati sfocati. A un certo punto era diventato troppo doloroso rammentare che la vita precedente, trascorsa con la sua famiglia a Bardejov, era esistita davvero.

«Vengo dalla Cecoslovacchia», dice con voce spezzata.

Campo di concentramento di Auschwitz, febbraio 1945

Cilka è seduta nel blocco, il più vicino possibile all'unica stufa che irradia calore, e sa di aver già attirato l'attenzione. Le SS avevano costretto le altre donne di sana costituzione, comprese le sue amiche, a uscire dal campo e a mettersi in marcia qualche settimana prima della disfatta.

I prigionieri rimasti sono scheletrici o malati, oppure sono bambini. E poi c'è Cilka. Doveva essere fucilata con gli altri, ma nella fretta di darsela a gambe i nazisti li avevano abbandonati tutti al loro destino.

Sono arrivati anche degli ufficiali – agenti del controspionaggio, ha sentito dire Cilka, che tuttavia non sa che cosa sia – per gestire una situazione che un comune soldato non è in grado di affrontare. L'agenzia ha il compito di far rispettare l'ordine e di evitare ogni possibile minaccia per lo stato sovietico. Il loro ruolo, le hanno detto i soldati, è interrogare ogni prigioniero e scoprire i dettagli della sua prigionia per capire se ha collaborato o lavorato per i nazisti.

L'esercito tedesco in ritirata è considerato nemico dell'Unione Sovietica e chiunque vi abbia avuto a che fare è, a sua volta, un nemico dell'Unione Sovietica.

Un soldato entra nella baracca. «Vieni con me», dice indicando Cilka. Allo stesso tempo una mano le afferra il braccio destro e la tira in piedi. Sono trascorse parecchie settimane e vedere gli altri prigionieri portati via per essere interrogati fa parte della routine del blocco. Per Cilka è semplicemente il suo turno. Ha diciotto anni e le resta solo la speranza che capiscano che non aveva altra scelta per sopravvivere, se non fare quello che ha fatto. Nessuna scelta, tranne la morte. Spera solo di tornare presto a casa, in Cecoslovacchia, e trovare il modo di andare avanti.

Quando viene portata nell'edificio adibito a quartier generale dell'esercito sovietico, Cilka abbozza un sorriso ai quattro uomini seduti davanti a lei nella stanza. Sono qui per punire i suoi carcerieri scellerati, non lei. È iniziata un'epoca felice, non ci saranno altri lutti. Nessuno risponde al suo sorriso. Nota che le uniformi sono leggermente diverse da quelle dei soldati all'esterno. Sulle spalle hanno delle mostrine blu e i cappelli, posati sul tavolo davanti a loro, hanno un nastro della stessa tonalità, con una striscia rossa.

Alla fine uno di loro le sorride e le parla con voce posata.

«Vuoi dirci il tuo nome?»

«Cecilia Klein.»

«Da dove vieni, Cecilia? Il tuo paese e la tua città.»

«Vengo da Bardejov, in Cecoslovacchia.»

«Data di nascita?»

«16 marzo 1926.»

«Da quanto tempo sei qui?»

«Sono arrivata il 23 aprile 1942, subito dopo aver compiuto sedici anni.»

L'uomo fa una pausa e la studia.

«È un sacco di tempo.»

«Un'eternità, qui dentro.»

«Che cos'hai fatto dall'aprile del 1942?»

«Ho cercato di sopravvivere.»

«Sì, ma come hai fatto?» Inclina la testa. «Non mi sembra che tu abbia patito la fame.»

Cilka non risponde, ma porta una mano ai capelli – se li è tagliati da sola dopo la partenza delle sue amiche dal campo.

«Hai lavorato?»

«Ho lavorato per sopravvivere.»

I quattro uomini si scambiano uno sguardo. Uno di loro prende in mano un foglio di carta e finge di leggerlo prima di parlare.

«Abbiamo una relazione su di te, Cecilia Klein. Dice che sei sopravvissuta perché ti sei prostituita al nemico.»

Cilka non dice nulla, deglutisce a fatica, guarda quegli uomini uno a uno cercando di scoprire che cosa dicono, che cosa si aspettano che lei replichi.

Parla un altro. «È una domanda semplice: hai scopato coi nazisti?»

«Erano i miei nemici. Qui dentro ero una prigioniera.»

«Ma hai scopato coi nazisti? Ci risulta di sì.»

«Come tanti altri qui, sono stata costretta a fare quello che mi ordinavano i miei carcerieri.»

Il primo si alza in piedi, ma non la guarda. «Cecilia Klein, sarai trasferita a Cracovia e lì verrà stabilita la tua sorte.»

«No», dice Cilka alzandosi. Non è possibile che succeda davvero. «Non potete farlo! Sono una prigioniera.»

Uno degli uomini che prima non ha aperto bocca le chiede con calma: «Parli tedesco?».

«Sì, un po'. Sono qui da tre anni.»

«E parli molte altre lingue, abbiamo saputo. Eppure sei cecoslovacca.»

Cilka non protesta, aggrotta la fronte e non capisce quello che sta accadendo. A scuola le hanno insegnato le lingue e lì dentro ne ha imparate altre.

Gli uomini si scambiano degli sguardi.

«Il fatto che parli molte lingue ci induce a pensare che tu sia una spia e che tu sia qui dentro per trasmettere informazioni a chiunque sia disposto a comprarle. Su questo investigheremo a Cracovia.»

«Ti aspetta una lunga condanna ai lavori forzati», dice il primo ufficiale.

Cilka non reagisce, ma quando il soldato che l'ha portata nella stanza l'afferra per un braccio e la trascina via si mette a urlare protestando la propria innocenza.

«Sono stata costretta. Sono stata violentata! No! Vi prego!»

I soldati non reagiscono, sembrano non sentirla e passano alla persona successiva.

Prigione di Montelupich, Cracovia, luglio 1945

Cilka è accovacciata nell'angolo di una cella umida e puzzolente. Fatica a rendersi conto del tempo che passa. Giorni, settimane, mesi.

Non fa conversazione con le donne intorno a lei. Se le guardie sentono che qualcuno parla, lo trascinano via e lo riportano coperto di lividi e coi vestiti a brandelli. "Stai tranquilla, fatti piccola", si dice, "finché non sai che cosa succede e quali sono le cose giuste da dire e da fare." Ha strappato un lembo di stoffa del vestito e lo ha legato attorno al naso e alla bocca nel tentativo di attutire il tanfo delle deiezioni umane, dell'umidità e della decomposizione.

Un giorno la trascinano fuori dalla cella. Debole per la fame e stremata per lo sforzo della veglia, le figure delle guardie, i muri e i pavimenti le sembrano immateriali, come in un sogno. È in fila dietro gli altri prigionieri in un corridoio e avanza lentamente verso una porta. Per qualche istante può appoggiarsi a un muro caldo e asciutto. I corridoi sono riscaldati per le guardie, ma non le celle. Il tempo fuori dovrebbe ormai essere mite, ma sembra che la prigione catturi il freddo della notte e lo trattenga per tutta la giornata.

Quando è il suo turno, Cilka entra in una stanza dove un ufficiale è seduto dietro a una scrivania, il volto che galleggia nella luce verdastra di un'unica lampada. I soldati accanto alla porta le fanno cenno di andare verso la scrivania.

L'uomo abbassa lo sguardo su un foglio di carta.

«Cecilia Klein?»

Lei si guarda attorno. È da sola nella stanza con tre uomini robusti. «Sì?»

Lui abbassa di nuovo lo sguardo e legge: «Sei accusata di aver lavorato con il nemico, come prostituta e come spia. Sei condannata a quindici anni di lavori forzati». Firma il pezzo di carta. «Firma qui per dichiarare che hai capito.»

Cilka ha capito tutte le parole dell'ufficiale, che ha parlato in tedesco, non in russo. "È un trucco?" pensa. Sente su di sé lo sguardo degli uomini alle sue spalle. Sa di dover fare qualcosa. A quanto pare non ha altra scelta che fare quello che le viene ordinato.

L'uomo gira il foglio di carta e le indica una linea tratteggiata. Le lettere soprastanti sono in caratteri cirillici. Anche stavolta, come le è capitato più volte nella sua giovane vita, ha due opzioni: una è imboccare lo stretto sentiero che le si apre davanti, l'altra è la morte.

L'ufficiale le porge la penna e poi guarda in direzione della porta, annoiato, in attesa della persona che viene dopo di lei nella fila: fa solo il suo lavoro.

Con mano tremante Cilka firma il pezzo di carta.

Quando la portano via dalla prigione e la spingono su un furgone, si accorge che l'inverno è passato, che la primavera non è mai esistita e che è già estate. Il calore del sole è un balsamo per il suo corpo intirizzito, il suo corpo ancora vivo, ma il bagliore della luce le ferisce gli occhi. Prima che abbia modo di abituarsi, il furgone si ferma di colpo.

Di fronte a lei c'è un altro treno. Un carro bestiame dipinto di rosso.

[*Traduzione di Stefano Beretta*]

Finito di stampare nel mese di giugno 2021
da Grafica Veneta s.p.a., Trebaseleghe (PD)

Questo libro è stampato col sole

Azienda carbon-free